Fabriklandschaften

(Niemandsland und Niemandszeit: 1. Auflage 1978)

Herausgeber: Gesellschaft für sozialwissenschaftliche und ökologische Forschung e.V., 8 München 40, Frohschammerstr. 14

ISBN 3–922696–24–4

Satz: Sylvia Seyfried, München
Gestaltung: Karla Hey, München
Druck: Druckteufel, München
Umschlag: Hias Schaschko, München

Photos: Sylvia Hamberger, Wolfgang Zängl
und Archiv der Gesellschaft

Wolfgang Zängl

Fabriklandschaften

Drei Aufsätze

Raben Verlag

FABRIKLANDSCHAFTEN

NIEMANDSLAND UND NIEMANDSZEIT

Wandert man in der Geschichte der Stadt und des Ländlichen, so scheinen für eine Beschreibung einer Entwicklung alle Begriffe näher zu liegen als die obigen. Für jedes Gebiet ist – über Kataster- oder Liegenschaftsamt –, der Eigentümer jedes Steines in der Stadt und jedes Maulwurfhaufens auf dem Land exakt anzugeben. Dagegen liegt Niemandsland im Anonymen, ein anscheinend staatlicherseits nicht existierender, konkret aber sehr wohl bewohnter Streifen Land, neben dem Sozialen liegend, existent und zugleich ausgeschlossen durch die Macht.
Niemandsland – das Land der Überschreitungen und der Grenzen, der eingeschränkten Weite und der weiten Schranken, ein Land der Verantwortungslosigkeit und der Verantwortung zugleich, das wegdefinierte, wuchernde, das Land der Pläne, Furunkel-Land, Metastasen-Land, das Land der toten Geburten und der toten Lebenden: unser Land.
Warum mußten wir gerade dieses Land betreten? Warum beleben wir seine Neuen Städte?
Gesichter lösen sich auf beim näheren Betrachten, lassen Geschichte und Eigenschaften erkennen. Ähnlich die Stadt. Mit ihr beginnt *unsere* Geschichte, von Anfang an eine Geschichte der Abgrenzungen. Die Vor-Stadt zieht als erste die Grenze – zwischen sich und dem Land, dem bisherigen Allgemeinen. Doch sie ist noch unbeweglich, wie ihre Umgebung. Sie organisiert

schon, wenn auch zunächst nur sich. Und sie schafft Voraussetzungen für ihre Nachfolgerin, die Handels-Stadt: Geld und Verkehr, also mobiles Eigentum.

Das Eigentum muß zunächst geschützt werden – die Grenze der Stadt wird zur Front. Doch das Eigentum ist mobil. Die Stadt hinter ihren Wällen und Mauern betont ihre Abgrenzung. Sie spürt den Verlust der Abgeschiedenheit, Zurückgezogenheit, die Bedrohung durch das Kommende, die Verallgemeinerung.
Gegen Ende des Mittelalters hat der Markt die Stadt

erobert. Viele Märkte existieren. Das Land wird zum Lieferanten, zum Nebenkriegsschauplatz – die Funktionen wenden sich. Das Handwerk war auf dem Land entstanden, die Stadt war Fremdkörper. Jetzt wird Land zur Umgebung, ein Teil nach dem anderen wird zum Vor-Ort. Die Produktion nimmt die Stadt unter ihre Fittiche.

Das Bild der Stadt entsteht: der Plan und später die Planung – in Paris etwa im 16. und 17. Jahrhundert. Zunächst eine Mischung aus dem Bild der Stadt und der Idee davon, als Kunst. In der Stadt, aus der städtischen Wirklichkeit, entsteht auch das Bild der Landschaft. Die Stadt wird versorgt und verwaltet im Gegenzug. Sie braucht mehr Nahrung; sie braucht andere Nahrung. Sie muß innerhalb ihrer Grenzen befördern, da die Arbeit verteilt liegt. Mehr Eisen wird gebraucht, für das Eisen mehr Kohlen, für diese Kohlen tiefere Schächte, um diese wiederum auspumpen zu können mehr Pumpen, welche von Dampfmaschinen betrieben werden, zu deren Betrieb man Kohlen, zu deren Herstellung man Eisen benötigt, wobei der ganze Transport Dampfmaschinen erfordert. Die Stadt lebt und wächst.

Die Vor-Stadt wird erobert von der Handels-Stadt und diese übernommen von der Industrie-Stadt. Nun bedeutet Industrie: die Herstellung großer Mengen gleichartiger Waren mit technischen Mitteln und aufgrund von Arbeitsteilung in Großbetrieben oder in Heimarbeit; und nun bedeutet Leben: die Herstellung

großer Mengen gleichartiger Menschen mit technischen Mitteln und aufgrund von Arbeitsteilung in Großbetrieben oder in Heimarbeit.
Wir leben heute in der Neuen Stadt, im Niemandsland. Wir finden noch Spuren der Alt-Stadt (und auch diese war einmal eine neue Stadt), unzeitgemäße Viertel, nicht vergessen von wachsamen Plänen. Doch vorherrschend ist für uns *eine* der möglichen städtischen Wirklichkeiten, nämlich die uns vertraute –
der Befehl der Lichter, Töne, Signale an solche unserer Sinne, welche von Maschinen und Automaten angesprochen und verwaltet werden können: an die Augen und an die Ohren.
Unsere anderen Sinne werden nur periphär, als negativer Appell berührt: wir riechen vornehmlich Übles, ertasten das Nichts an Menschlichem und fühlen uns krank. Unsere Sinne werden in Gang gehalten: es besteht Pausenverbot. Immer mehr Bereiche des eigenen Lebens werden weggespalten, werden zu Niemandsland. Ein schwieriges Land, schwer zu verstehen. Und das Niemandsland gewinnt ständig an Boden.
Wir wollen einen Rundgang machen in diesem Land, und wir beginnen am

PLATZ DES VORMARSCHES DER GESCHLOSSENEN RÄUME

Geschlossene Räume sind zunächst aus Wänden und Decken errichtete menschliche Konstruktionen. Wand

kommt von Winden, Flechten. Es gab einmal eine „Erfindung“ der Wand – eine wesentliche und verändernde Entwicklung. Die Wand schafft ein Außen und Innen, wobei vornehmlich das Innere gewisse, für die Errichter wesentliche Funktionen erfüllt.
Diese vormals beabsichtigten Funktionen – wie Schutz vor Wettereinwirkungen oder Eingrenzungen der Intimität –, bestehen heute noch. Hierzu ist jedoch in der Neuen Stadt eine gänzlich veränderte Einwirkung auf menschliche Verhältnisse dazugekommen. Wir bewegen uns zunehmend und fast ausschließlich in Geschlossenen Räumen. Die hauptsächlichsten sind: Arbeitsort, Beförderungsmedium, Wohnbau und Einrichtungen, wo Freizeit hinter sich gebracht wird.
Als erster der Geschlossene Raum Arbeitsort. Er ist exklusiv: ausgeschlossen von anderen und gegenüber anderen. Er ist so aufgebaut, daß es unerheblich ist, ob viele oder wenige Beschäftigte anwesend sind, da in keinem Fall eine Verständigung besteht. Sind viele präsent, so ergibt sich über gemeinsam zu benutzende Maschinen ein Kontakt, in der Sprache oder dem Bedürfnis eben dieser Maschinen. In solchen größeren Arbeitseinheiten hat jeder seinen Geschlossenen Raum, obwohl eine bauliche Abgrenzung fehlen mag: der Zweck umgibt ihn und trennt ihn ab.
Wird die Arbeitsstätte nur von wenigen frequentiert, so steigt der Anteil an Pseudo-Möglichkeiten, steigen die Kosten und Grünpflanzen pro Arbeitsplatz. Auch die Maschinen verhalten sich sauberer. Die Trennung

zum Außen ist meist so vollkommen, daß ein eigenes Klima geschaffen wird. Es entsteht eine abgeschlossene, wohltemperierte, selbständige Welt, deren Künstlichkeit uns natürlich und erstrebenswert erscheint.
Wir begeben uns in den Geschlossenen Raum Beförderungsmittel: er ist ebenfalls mengenmäßig unterschieden.
Den für die Menschen*menge* zuständigen Transportmedien ist zum großen Teil der Weg vorgeschrieben, von dem sie sich nicht wegbewegen können, ähnlich wie es mit den Insassen geschieht. Bei solchen unter der Erde ist sogar noch optisch eine hundertprozentige Geschlossenheit erreicht: das Auge wird nur durch die eine Wahrnehmung des Wechsels vom dunklen zum hellen künstlichen Licht beunruhigt.
Kleinere Beförderungsmittel können auf einen freier wählbaren Weg gelenkt werden. Außerdem ist die Distanz nach außen größer, da sie jeweils nur mit einer geringen, Anzahl von Neuen Städtern bestückt sind. Klimatisch und atmosphärisch strahlen diese kleineren Fahrzeuge mehr Abgeschlossenheit aus, auch oder wenn eine größere Anzahl sich auf den Straßen versammelt (oder gerade deswegen). Wahrscheinlich ist das Auto-Innere der einzige Ort der Neuen Stadt, wo sich ein geschlossenes Weltbild herstellen läßt.
Wir verlassen das Auto und betreten den Geschlossenen Raum Wohnbau. Wesentlich ist hier ebenfalls, wie bei Fahrmittel und Arbeitsort, die Funktion der Türe, deren Schließen den anderen ausschließt und ihm be-

deutet, daß hier die Grenze der Allgemeinflächen liegt und ein privater Geschlossener Raum beginnt. Türen werden in solchen Blocks nicht verschieden ausgebildet, da deren Funktion – allein schon aus dem Grund, weil jeder über eine verfügt und jeder ihre Funktion kennt und auf sie angewiesen ist –, von allen geachtet wird. Natürlich ist die Abgeschlossenheit nicht so vollkommen, wie man sie sich wünscht; aber im Gegensatz zur Alt-Stadt, wo noch einige Einrichtungen gemeinsam benutzt wurden (wie etwa Waschkeller oder Sanitäreinrichtungen auf einer Etage), kann jetzt fast alles innerhalb der zwar kleiner gewordenen, doch vollkommener vergerätschafteten Wohnzellen erledigt werden.

(Allen dreien unserer Gefährten ist auch die Struktur ihrer Bedienungselemente gemeinsam: die Computer-Hardware ist verwandt mit den Hebeln im Fahrzeug und dem Geräte-Turm im Wohnzimmer – meist anthrazit mit Digitalanzeige.)

Auch die Neuen Städter haben Goldene Kälber, um die sie tanzen, und eines davon nennt sich Eigenheim. Hier hat der Geschlossene Raum nicht nur eine Wohnungs- bzw. Haustüre, sondern wird auch noch durch eine (durch Zaun, Grünzeug oder Mauer genau markierte) Grenze zum nächsten Neuen Städter unterstützt und verstärkt. Dieser Tanz läßt die Neue Stadt nach allen Richtungen ejakulieren; grenzenlos wandert sie über die Hügel, eine Wanderung, die wiederum ein Anwachsen des Geschlossenen Raumes Beförderungsmittel mit sich bringt; auch dies eine Ursache für den Tod der Stadt.

Grundsätzlich gemeinsam ist allen Geschlossenen Räumen, daß bei jenen, die von vielen Neuen Städtern benutzt werden, noch am ehesten Schmutz anzutreffen ist. Schmutz ist eine Erscheinung, die der Neue Städter nur äußerst ungern in Geschlossenen Räumen erträgt, es sei denn, er sieht ihn nicht. (So wird auch erklärlich, warum rigide gegen den sichtbaren Schmutz vorgegangen wird – ein Papier am Straßenrand wiegt schwerer als das Blei in der Luft über der Straße, das man nicht sieht. Dafür braucht man den Ausschlag eines käuflichen Meßgerätes; des Kaisers neuer Schmutz ist nur über Instrumente feststellbar.)

So ergibt sich die perverse Situation, daß, *je beschmutzter und giftiger der Zustand außerhalb der Geschlossenen Räume sich gestaltet, desto neurotisch sauberer die Geschlossenen Räume selbst sein müssen* (was natürlich, und sei es nur über Produktion und Verbrauch von Putzmitteln, wiederum zu einer größeren Verschmutzung des Außen führt ...).

Der Alltag in der Neuen Stadt hat außer dem Kontakt mit Geschlossenen Räumen nur den Weg zum Beförderungsmedium offen. Dieser Kontakt mit dem Außen wird über Tiefgaragen abgebaut, über von innen elektrisch oder mechanisch verstellbare Außenspiegel und ähnlichem. Hier zeichnet sich die obige Entwicklung weiter ab: je staubiger, qualmender das Außen wird, desto mehr achten wir darauf, uns möglichst wenig außerhalb der Geschlossenen Räume zu bewegen. In dieser Hinsicht können auch Stadtparks und andere sogenannte „Erholungsflächen“ als Geschlossene Räume bezeichnet werden, nämlich als Gebiete, die auf einen bestimmten Zweck hin geplant und angelegt sind. Sie werden ähnlich zwanghaft sauber und übersichtlich gehalten und verwaltet wie die Lagerhalle einer Automobilfabrik oder der Besteckkasten einer Einbauküche. Und so wird eine Erweiterung des Inhalts Geschlossener Räume klar: es sind solche Räume, die mit dem Zweck und der Planung der Neuen Stadt belegt und verändert werden, also auch ganze Landschaften.

Überall im Niemandsland unterliegt der Boden einem Plan, und damit ist ein Geschlossener Raum geschaffen.

Wir setzen unseren Weg fort und betreten eine Kathedrale, schmuckreich und verziert, mit hohen Türmen und filigranen Verästelungen. Ihr Name ist

DIE KUNST DER ERWÄRMUNG

Die an-treibende Kraft im Niemandsland im eigentlichen Sinn besteht in der Nutzung von Temperaturunterschieden. Nicht nur die hauptsächliche Stromerzeugung, sondern die meisten Prozesse der Bewegungsenergie lassen sich auf künstliche Formen der Verbrennung, Ausdehnung, Erwärmung schlechthin zurückführen. Der Vor-Stadtmensch benutzte hauptsächlich Wärme zum Kochen und Heizen. In unserer Welt spielen wir permanent das Register der Temperaturveränderungen durch, als Reiz, der künstlich erzeugt werden kann und unsere verkümmerten Körperempfindungen tatsächlich noch beeindruckt, ja, sie sogar bestimmt. (So beschäftigen sich zum Beispiel immer mehr Küchengerätschaften mit Wärme – Eierwärmer, Toaster, Kaffeemaschinen, Folienschweißgeräte ... bis hin zum Mikrowellenherd. Dieser Elektrifizierung entspricht auch die Veränderung der Nahrungsmittel. Die Nahrung der Maschinen wird immer von Maschinen erzeugt.)

Meßtechnisch gesehen erscheint dagegen die Welt der Vorfahren unvorstellbar kalt. Doch jede Gesellschaft hat ein mit ihr verbundenes je spezifisches Wärmeempfinden. Bauernhäuser waren früher durch die Verbindung von Wohnen und der ganz konkreten Arbeit in Wärmebereiche strukturiert, wo der Wohnraum den innersten (und wärmsten) Bereich bildete, nach außen gefolgt von den Ställen, deren Vieh gleichzeitig Schlafkammern im Obergeschoß erwärmten, und alles war nach außen hin abgeschirmt durch Vorratsräume. Hier wurden die verschiedenen Lebensbereiche auch verschieden erwärmt und erlebt, während der Neue Stadtmensch einem allgemein akzeptierten, erwünschten und sozial anerkannten Wärmepegel folgt, der ihm in allen Geschlossenen Räumen begegnet. Unterschied-

liches Wohnklima an den Orten des Zusammenlebens trifft noch der Bewohner der Alt-Stadt an, etwa in seinen Küchen, wo Not, Glück, Freizeit und Küchenhandwerk sich trafen, ein warmer, benutzter und abgenutzter Ort, der einer uns als eiskalt erscheinenden Schlafzimmertemperatur entgegenstand. Die Wärmequelle der letzteren bestand lediglich in den darin befindlichen Menschenleibern unter dicken Decken. Der Neue Stadtmensch kann sich nicht mehr an Menschenleibern erwärmen; er bedarf künstlicher Leiber. Körperwärme wird abhängig von überall anzutreffenden Heizquellen. Würde man ihn mit verbundenen Augen durch sein Refugium führen, könnte er nicht bestimmen, in welchem Raum er sich befände, es sei denn aufgrund der unheimlichen Vertrautheit mit den jeweiligen Verkehrsgeräuschen.

Dieser individuell-allgemeine Wärmepegel ist Begleiterscheinung; die Neuen Stadtmenschen reagieren empfindlich auf Temperaturschwankungen beziehungsweise auf so empfundene Unterkühlung, fällt künstliche Wärme einmal aus. So verschränkt sich ihr Empfinden mit ihrer Neuen Stadt:

je kälter und unmenschlicher die Verkehrsformen und menschlichen Beziehungen untereinander werden, desto höher wird der Verbrauch an künstlich erzeugter Wärmezufuhr, sei es etwa bei der Temperatur der Geschlossenen Räume oder anderer mit dem Körper in Kontakt tretenden Medien wie Waschwasser. Entspannung und Behaglichkeit werden zugleich erlebt und suggeriert über Energiezufuhr von außen – eine notwendige Bedingung hierfür und außerdem ökonomisch zu erfüllen.

Das Außen wird zur Bedingung für das Innen. Das Niemandsland hat eine zentrale Wärme.

Wir biegen nun ein in eine Allee namens

DIE ZUFRIEDENHEIT DER VERSORGTEN

Die Stadt hatte und hat immer einen Zu-Lauf, ebenso wie einen Ab-Lauf. Früher blieb dieser Lauf an sich unverändert, und die Stadt betrachtete lediglich den Durchzug, oft gelassen, oft sorgenvoll, ohne enger daran teilzunehmen. Das Wasser, die Menschen, die Luft zogen durch die Stadtgrenzen und wurden kaum berührt oder verändert.

In der Neuen Stadt bringen schon die bloßen Mengenbewegungen Auswirkungen auf Zu- und Ablauf mit sich; die Konzentration von Nicht-Bleibenden hat für die Da-Seienden Bedeutung. Sowie die Vorüberziehenden das Hiersein verändern, verändert sich für die Hiesigen das Weggehen. Alles muß erfüllbar sein, versorgt werden können. Der Durchzug wird zur einseitigen Bewegung, der Strom der zum Leben nötigen Mittel fließt zur Stadt, wird dort verbrannt, verzehrt, verbraucht und kehrt als Abfall in die Landschaft zurück.

Schon in der Alt-Stadt wurde ein Großteil der für das

urbane Leben wichtigen Mittel außerhalb der Stadtmauern erzeugt, also auf dem Land. Doch der Verbrauch war kleinräumig; Möglichkeiten blieben erhalten, Wasserstellen wurden gemeinsam auf der Straße benutzt (heute würde man sagen: in der Öffentlichkeit), Heizenergie wurde tatsächlich getragen. Die Versorgung blieb weitgehend haushälterischer Vorsorge und Vorliebe vorbehalten. Die Energie der Alt-Stadt hinterließ Schmutz, aber sie hinterließ ihn über dem Boden der Stadt. Das Wasser der Alt-Stadt war oft unrein (nach heutigen Normen), aber es stammte vom Boden unter der Stadt. Die Folgen trugen die Bewohner.

Die Neue Stadt dagegen ist schamlos und schamvoll zugleich. Sie versteckt auf ihrem eigentlichen Gebiet sehr sorgfältig ihre Lebensadern, legt ihre Versorgung, ihren Verkehr, ihr Kommunikationsnetz unter die Erde, unter Mörtel und Beton. Der Schmutz der Straße

versinkt im Untergrund und wird dort den durchziehenden Gewässern mitgegeben. Oberirdisch darf nichts zu sehen sein, wovon die Neue Stadt unterhalten wird und was sie hinterläßt. Sie versteckt sorgsam ihre Schuld.

Der Scham der Neuen Stadt entspricht deren Schamlosigkeit im Umland. Früher wurde das Land von Zäunen durchtrennt, welche den Bodenbesitzstand mitteilten. Diese Zäune haben heute die respektable Höhe der Verbundleitungen und teilen den Energiebesitzstand mit. Der Boden selbst gerät zur Nebensache. Kein Landstrich ist entfernt genug gelegen, um nicht als Lieferant von Wasser und ähnlichem ausgesaugt zu werden. Begierig streckt die Neue Stadt ihr Heer von Drähten und Röhren aus, begrenzt nur vom Heer der Drähte und Röhren anderer Neuer Städte. (Vielleicht treffen sich so einmal die jetzigen Schwester-Städte auch örtlich.)

Dieser dezenten Versorgung der Neuen Stadt entspricht auch die Struktur ihrer Versorgungsunternehmen, den Stadt-Werken. Sie stellen das Innenministerium der Neuen Stadt dar. Seit wir unsere Gliedmaßen nicht mehr benützen, sind sie einer der unersetzlichsten Boten und Ausdruck der urbanen Macht: Knecht und Herr zugleich.

Im Bild der Alt-Stadt galt der Vater als Versorger der Familie, als „Ernährer", zusammen mit der Mutter. Das Bild hat sich gewandelt. Wir müssen in der Neuen Stadt anderen Eltern vertrauen, da die Versorgung

nicht mehr innerfamiliär zu lösen ist: die Ernährung ist künstlich geworden. Wir haben neue Eltern nötig. Jedesmal, wenn ein Hahn aufgedreht, ein Schalter umgelegt wird, richten sich unsere libidinösen Wünsche auf die neuen Eltern, auf das Innenministerium der Neuen Stadt. Wir haben eine Instanz für unsere Wünsche. Und wir werden jedesmal *befriedigt* durch eine sich selbstlos verwirklichende Schar von Technikern; *geschützt* vor Unfällen durch im Land umherziehende Meß-Diener; *versichert* im Glauben durch Wiederholbarkeit und Allgegenwärtigkeit.
Die Frage des Wohingehens stellt sich und wird ergänzt durch die Frage, wo keine Anteilnahme mehr herrscht an zentralen Versorgungsmächten, wo eine Entscheidung überhaupt möglich erscheint, dieser Berührung auszuweichen oder sie einzugehen. Zu einer Zentralmacht gehört auch immer jemand, der daran teilnimmt, sie benutzt, von ihr benutzt wird. So wird jeder, der sich zentraler Versorgung unterzieht, selbst zum Teil der zentralen Versorgungsmacht. (Wir haben zum großen Teil Autos, Girokonten, Radios, Zeitungen, fahren U-Bahn, arbeiten ...).
Je mehr sich die Neue Stadt erweitert, je weniger können wir uns ihr innerlich und äußerlich verschließen. Die Hase-und-Igel-Geschichte ist hier kein Märchen: überall war sie schon vor uns da, hat ihre Spuren hinterlassen, und überall hat ihr Innenministerium Ableger, welche die Struktur der Neuen Stadt mit ihren Röhren und Leitungen vorwärtstreiben. Diese Ableger

tragen Namen wie Zweckverband für Straßenbegradigung oder Wasserversorgung oder Müllabfuhr, und deren unermeßlich mehr. Und auch für das Land fällt noch etwas ab, allerdings um einen hohen Preis es darf sich nicht mehr selbst versorgen; selbst die bloße Möglichkeit wird verboten. (So darf bei einer zentralen Wasserversorgung auf dem Land das eigene Brunnen- oder Quellwasser nicht mehr verwendet werden; das wird explizit verboten. Statt dessen werden die Angeschlossenen zu einer Zwangsabnahme des Zentralwassers verpflichtet.)

Ja, es muß sogar vergessen werden, daß solche Möglichkeiten des unabhängigen Lebens einmal bestanden haben. Dies ist vergleichbar mit dem Verlust an handwerklichen Fähigkeiten und dem „Vergessen" der diesbezüglichen Kenntnisse. *Die Produktion und die Versorgung der Neuen Stadt dulden keinen Vergleich.*

Da das neu-städtische Innenministerium, wie jedes andere auch, gezwungen ist, sein Interesse als das allgemeine darzustellen und die Neue Stadt sich auch dergestalt entwickelt, daß dieses Interesse das allgemeine, weil lebensnotwendige wird, muß die Geschichte der Versorgung so dargestellt werden, als sei sie schon seit je eine zentrale gewesen, Natur immer schon eine ausgebeutete.

Die Neue Stadt liegt dauernd mit der Natur im Krieg. So scheint es. Doch der Krieg ist einseitig. *Das Niemandsland führt keine Feldzüge: das Niemandsland*

ist der Feldzug.
Weiter führt uns unser Weg. Wir stehen auf einer Schnellstraße mit der Bezeichnung

„MOBILITÄT" ODER: DER PHÖNIX UND DIE ASCHE

Wir sind nicht mehr seßhaft und können es im Niemandsland auch nicht sein. Seßhaft soll ausdrücken, daß Kenntnisse über Vergangenheit, Gegenwart und Art der jeweiligen Kultur der Umwelt bestehen. Diese Kenntnisse existieren manchmal noch im Dorfalltag, wo unscheinbare, anscheinend unbedeutende Ereignisse bekannt und vertraut sind, unbedeutend, gemessen am Geschehen der Stadt, oft belächelt von den Städtern wegen des Mangels an Epochalem. Epochales aber bemißt sich an dem jeweiligen Umfeld; beide bilden ein Verhältnis zueinander, eine Relation.
In der Stadt ist notgedrungen vieles mehr Provinz als in der von den Städtern so genannten Provinz selbst, da nur Bedeutungsvolles im Hinblick auf Quantität geschieht – ein Konzentrat also. Über die Gleichsetzung von Quantität und Wichtigkeit an Information erlebt sich der einzelne Stadtmensch als verkörperte Bedeutungslosigkeit schlechthin – sucht er nicht eine Mitgliedschaft im System der Neuen Stadt. Er schließt sich also einer mehr oder weniger einheitlichen Interessengruppe an. Solche Zusammenschlüsse von Städ-

tern werden aus der un- oder bewußten Situation geboren, daß man zwar zusammen dieses Konglomerat Stadt erstellt und belebt, jedoch gleichzeitig individuell darin anonym abstirbt. Diese Zusammenschlüsse gehen an eben jener Struktur zugrunde, der sie sich stellen, da es nicht mehr genügt, partielle Interessensübereinstimmungen zu finden. Man erträgt die Neue Stadt nur, indem man sich mit dem *ganzen* Ablauf identifiziert. Der Blick darf nicht mehr abschweifen, sonst bricht das Leid durch. Er muß geradeaus gerichtet sein.

Dennoch und gerade auch deswegen sind diese Stadt-Aktivitäten ein Versuch, die Struktur des Niemandslandes zu überwinden. Hier liegt eine Möglichkeit, die Stille der Städte zu erreichen, eine nachdenkliche Stille, wo man zusammen erlebt. Vor dieser Stille wird gewarnt, haben wir selbst Angst: was ist beklemmender als eine Stille in der Stadt; ein Widerspruch an sich – das Leben der Stadt wäre dann ja wohl tot, wenn Stille herrscht. Wir verstehen unter dem Leben den Tod, ein tödliches Leben.

Die Gründe sind auch klar, warum der Neue Stadtmensch den Flughafen und die Autobahn für sein Leben braucht: weil er die Neue Stadt, in der er funktioniert (arbeitet, wohnt, altert), verlassen *muß*. Er muß heraus aus der einen Käfigstruktur der Geschlossenen Räume; er muß die funktionalen Ghettos verlassen. Immer schneller braucht er den Wechsel, auch den Wechsel der Jahreszeiten. Für dieses notwendige Verlassen wird ihm Zeit zugebilligt, Freizeit. *Die Freiheit kann aber nicht in der Freizeit verwirklicht werden.* Der Neue Stadtmensch unterwirft diese Zeit, wie jede Zeit, einem Plan, und er kann diesen Plan am schnellsten und problemlosesten realisieren, trifft er auf schon bekannte und gewohnte Strukturen.

So ist er einverstanden, wenn vor oder während seines Eintreffens am anderen Ort betoniert, geteert wird und während seines Daseins er sich in Reservaten vergewissern kann, wie es vor seinem Eintreffen denn bestellt war. So werden ihm selbst noch seine Träume über das Paradies enteignet durch die Wirklichkeit, die er mit schafft. Zum Anfang dieser zeittoten Flucht waren zumindest regionale Unterschiede in Grundriß und Mobiliar bei den anzumietenden Räumen anzutreffen – zu diesem Zeitpunkt war die Flucht in die Touristik noch nicht in dem jetzigen Ausmaß notwendig geworden. Inzwischen ist es über diese breite Bewegung der Vernichtung von den nicht der Neuen Stadt gerechten Strukturen real möglich geworden, überall auf diesem Globus auf gleiche Wohn- und Verkehrsformen zu treffen. *Der Neue Städter verläßt und kehrt gleichzeitig zurück;* es berührt ihn angenehm, wenn er auch in der ihm frei überlassenen Zeit auf deckungsgleiche Verhältnisse zurückgreifen kann. Diese kennt er, diese machen ihn nicht glücklich, aber er hat gelernt, sich mit ihnen einzurichten, und es versichert ihn, daß er sich nicht irrt, *daß nämlich Niemandsland überall ist: es gibt kein anderes Land mehr.*

Diese Bewegungen des Neuen Städters bedeuten konkret, daß die Neue Stadt akzeptiert wird über das Ventil, nicht die selben, aber ähnliche Geschlossene Räume zu benutzen – eine Benutzung mit Folgen. Ein rasantes Anwachsen benutzter respektive beschmutzter Flächen und eine radikale Veränderung sozialer Zusammenhänge, Traditionen, kurz – menschlicher, lebendiger Zusammenhänge schlechthin verändern sich als unumstößliche. Der Neue Stadtmensch verwaltet seine Bedürfnisse, und er hat reale Bedürfnisse. Er muß die Neue Stadt pro forma verlassen, und dadurch schafft er viele Neue Städte. Dies ist nicht seine primäre Absicht, sondern Gewinn und Verlust zugleich: *er trifft seine Welt öfter an, dafür aber viele andere gerade noch oder nicht mehr oder nie mehr.*

Es scheint merkwürdigerweise, als ob es ihn gerade extrem nach *den* Welten hungere, die der Neuen Stadt noch am weitesten entfernt sind. Er erobert sie, und dann läßt er sie enttäuscht fallen. Das bedeutet wohl: wenn es glückt, die Neue Stadtkultur zu übertragen und dann das aus verschiedenen Gründen exklusive Gebiet die „urbane Sozialisation" annimmt und übernimmt, ist es erobert, der Urbanität uninteressant, da es bezwungen erscheint. Die Neue Stadt wechselt das Blickfeld, nicht die Blickrichtung. Dies ist nicht so zu verstehen, daß eine nur geographische, einmalig erobernde Überwältigung stattfindet. Auch im Innern von erobernden Ländern finden noch dauernd Umstürze statt, die auf Altes oder Neues einschwören wollen, damit einer weiteren Urbanisierung der „eigenen" Region nichts entgegensteht. Doch dies scheitert auch des öfteren.

Es gibt keinen Stillstand der Urbanisierung. Deshalb berührt es merkwürdig, daß uns die vergangenen Zwischenstufen als vertraut und liebenswert erscheinen. Was uns vertraut gilt, ist anderen fremd – und umgekehrt. Urbanität ist eine anscheinend nicht endenwollende Lebensform. Wir müssen erkennen, daß die Stadt unserer vielfältigen Erfahrungen eine Art Momentaufnahme ist. Wenn das Licht die urbane Szenerie ein weiteres Mal beleuchtet, hat sich diese schon wieder gewandelt.

Das Niemandsland steht niemals still.

Wir verlassen die Schnellstraße, steigen die Treppen hinunter zum Keller der Neuen Stadt und treffen uns am Bahnhof

ZUM ZWEIWERTIGEN LEBEN

Als gelebte Einschränkung der möglichen Gefühle, Stimmungen, Tätigkeiten bildet die Neue Stadt auch ein Verhältnis zu sich selbst und ihren Neuen Städtern aus, das mit der Struktur ihrer Maschinen direkt zusammenhängt. Dieses Verhältnis ist zweiwertig, oder: geladen – ungeladen, positiv – negativ.
Der Neue Städter kennt nur noch zwei Zustände: entweder er arbeitet, oder er arbeitet nicht (geladen oder ungeladen). Dies ist Ausdruck des gleichen Zustands.

Die Arbeit in der Neuen Stadt ist bekannt. Sie hat jeden Kunstcharakter verloren: Arbeitender und Arbeit werden gleichgültig und abstrakt. Die Kürzung der Herstellungszeit von Waren ist direkt proportional zur Kürzung der Bestandsdauer. (Es widerstrebt, bei diesen toten Materialien von „Lebensdauer" zu sprechen.) Wir erleben auch die Randbedingungen wie Arbeitsweg und Wohnen. Der Weg des Umpolens, der Weg zur Nicht-Tätigkeit, ist ein sehr wichtiger Weg – und dann funktioniert der Neue Städter im geplanten Nichts-Tun weiter. Doch der Plan scheitert: das Gras wächst, der Teppichboden wird betreten, der Schreibtisch verstaubt, Automobile fahren, Formulare werden neu formuliert, Maschinen laufen ... Welchen Sinn hat ein Zahnrad ohne Bewegung?
Es besteht kein Verhältnis mehr zur Benützung und zur Benutztheit. Alles soll den Schein der Neuheit verbreiten, wie wenn man sich jederzeit aus der Unbenutztheit wegstehlen wollte. (Als Beispiel ein Vergleich zwischen zwei Küchentischplatten verschiedener Herkunft: die eine gekerbt, kräftig, gelassen schmatzend, lebendig, die andere glatt, steril, hektisch, totenstill.) Man kann sich auch nicht mehr leisten, etwas nicht sogleich zu finden (außer sich selbst). Die konkrete Tätigkeit des „Suchens" weicht der abstrakten Angst, Zeit für die Suche aufwenden zu müssen, etwas nicht permanent greifbar zu haben, sich nicht dessen ständig versichern zu können. Die dunklen, ungeordneten Ecken werden nach Kräften ausgemerzt,

von uns selbst und in uns selbst.
Während des Arbeitstages spielt sich also das öffentliche, danach das private Programm ab. Die ganze Zeit, öffentliche und private, ist dem Kampf um die ferner oder näher liegende Zukunft geweiht, ein Kampf, der sich darstellt in Planung, Rohbau und Fertigstellung eines als pflegeleicht erachteten Lebens. Die Ansammlung an arbeitssparenden Gerätschaften hängt eng zusammen mit dem Versprechen einer endgültigen Arbeits-Losigkeit, ein Versprechen, dessen Verlockung über die Struktur der Neuen Stadt sehr leicht zu vermitteln ist. *Doch nur nach dem Tod gibt es im Niemandsland keine Arbeit mehr.*
Ein nachdenklich stimmender und stutzig machender Effekt. Je verheißungsvoller die Gerätschaften ihr arbeitssparendes Programm verkünden, desto härter lastet die lebendige Knechtschaft von toten Apparaten auf jenen, die sich ihrer zu bedienen gedenken – hin zur anderen, gleichen Kehrseite der urbanen Formel, nämlich los zu sein von Arbeit, anscheinend allein gelassen von ihr, bestimmt vom programmierten Nichts. Nichts-Tun bedeutet, wie die Sprache erkennt, das Gegenteil von Tun. Als Idealvorstellung stellt sich dies dar über die Ausheilung der Erschöpfungszustände, die jeder in der Neuen Stadt kennt: die Lust an der absoluten Arbeitslosigkeit, die geradezu libidinöse Lust, sich in ein Kontrastprogramm zur Arbeitsalltäglichkeit zu kapitulieren.
Das bedeutet: nach der öffentlichen Arbeit wird das

Gras des Rasens oder die Fläche des Schreibtisches oder die Fläche des Teppichbodens oder die Fugen des Automobils oder die Formulare des Amtes für dieses und jenes endgültig gestutzt, geschärft, gekehrt, gefüllt, gereinigt, ausgefüllt und ähnliches. Nach dieser Erledigung hat man sich „langfristig" in Sicherheit begeben vor den Agenten öffentlicher Instanzen wie Vermieter, Ämter, Arbeitgeber, Geldverwalter und anderen tatsächlich ernstzunehmenden Einrichtungen. Dann erst kann die absolute Entspannung erfolgen, die in dem Wunsch eines endlich einmal ungerichteten Nichts besteht, seinen Körper so zu legen, daß er keine Anstrengungen mehr verursacht.

Der eine Zustand und der andere. Der eine ist der andere. Die Sehnsucht nach der totalen Hingebung an ein tatsächliches „Nichts – Tun" (wie könnte man eigentlich ein *Nichts* tun?), ist Ausdruck des *Tuns*: hier fallen Tun und Nichts-Tun anscheinend auseinander, weil die Träger des jeweiligen Tuns es auch so erleben.

Das Nichts-Tun in der Neuen Stadt trägt die Spuren derer, die tun. Selbst der Bereich des Nichts-Tuns ist kaum mehr vorstellbar ohne Menschen, die etwas tun. Nichts-Tun ist damit nur mehr über Gerätschaften vorstellbar, sonst würden die Leiber von den Klapp-Liegen fallen. Ein in der Werbung der Neuen Stadt gehegter und gepflegter Begriff wird also in sein Gegenteil verkehrt; der angestrebte und versprochene Zustand wird nie erreicht. Für den, der weder über Arbeit noch über Besitz verfügt, gibt es kein Stadium des Nichts-Tuns, obwohl er mannigfaltige Schwierigkeiten sein Eigen nennt. Nichts-Tun wollen und müssen hauptamtlich jene ausüben, welche sich der Möglichkeiten der Neuen Stadt bedienen, die sich die eine Stunde der einen toten Zeit eintauschen müssen mit einer Überkapazität der anderen toten Zeit. *Es gibt nur noch öffentliche und private, aber immer tote Zeit.*

Jedes Einfamilienhaus, jede Eigentumswohnung, jeder Bau in der Neuen Stadt ist geplant auf Niemandsland, auf Arbeits- und Bewohn-Funktion, beides produktiv. Man schwimmt mit letztem Arbeitseinsatz dort hin, um Vergebung und Verschonung von alltäglicher Arbeit zu erheischen – und es gibt einen verdammt harten Kampf um eben diese so erscheinenden Ruhezonen. Es gibt immer einen letzten Kampf: um Werte, Gefühle, um Dasein, um Material, um Leben.

Im Niemandsland wird andauernd gearbeitet und gekämpft, ja, Arbeit und Kampf sind die Grundbedingungen seiner Existenz.

Wir verlassen die Untergrund-Bahn an der Station

TOD DER STADT

Die Stadt vergrößert ihre Grenzen so weit, bis sie wegfallen, bis die Erde umschlungen ist. Und das Ende der Grenzen bedeutet das Ende der Abgrenzung und damit das Ende der Stadt. Ihre Fenster werden größer, ihre Augen blinder. Sie wühlt in ihrem Gedärm. Ihre Wunden öffnen und schließen sich immer schneller. Sie werden höher, breiter, tiefer, bis die Stadt darin versinkt. Sie stirbt. Doch der Tod ist immer verschieden.

Den Bewohnern hinterläßt die Stadt die Spuren der Maschinerie. Der Einzelne lebt, arbeitet, stirbt und wird vernichtet in ihr. Er selbst hinterläßt keine Spuren, trotz ihrer anderweitigen Versprechungen. Der Einzelne hinterläßt nie Spuren. Diese Verblendung hat das Niemandsland jedoch als Schein nötig.

Je heller der Glanz der Stadt strahlt, desto greller ist ihre Blendung.

Je langweiliger das Leben wird, desto näher rückt der Tod der Stadt, desto stärker wird das Bedürfnis, Spuren zu hinterlassen, sich einzugraben in Beton, in Straßen oder Plätzen, oder Monument zu werden. Die Angst wächst.

Je näher der Untergang der Stadt, desto mehr ist von Natur die Rede, desto weniger ist davon noch vorhanden.

Je mehr von kommenden Generationen die Rede ist, desto weniger wahrscheinlich wird ihr Kommen.

Schließlich bleiben noch Podeste übrig. Die Stadt hatte immer schon einen Überfluß an Podesten anzubieten. Je näher der Tod der Stadt rückt, desto schneller werden diese Podeste erobert, sie zu halten versucht, sie verloren.

Die Stadt stirbt also. Sie geht zugrunde an den Bewohnern, welche die Stadt sind, an sich selbst. Doch wie sollte sie, nachdem sie das Leben verlernt hat, sterben können? Wie soll man im falschen Leben richtig altern und sterben können? Die Stadtmaschine ist ein Motor, dem der Treibstoff zu Ende geht, der aber bis zum Stillstand läuft, als sei sein Leben unendlich. Je näher der Tod, desto unbekümmerter, lauter, schärfer, schneller bringt sich die Stadt um – aus Angst vor dem Tod begeht sie Selbstmord.
Die Stadt stirbt also. Die Bewohner stehen stumm. Sie begreifen nicht einmal ihr Werk. Dumm spielen sie bis zuletzt mit immer mehr Knöpfen und Schaltern, im Tod der kindlichen Unschuld ähnlich. Es ist eigentlich niemand beteiligt gewesen. Eigentlich war es nie ihre Stadt.
Wie ihre Stadt haben die Bewohner das Leben und das Sterben verlernt. Kurz vor ihrem Ableben spricht nur Ekel, Zerstörung, Rückzug, Unbetroffenheit aus ihnen. Sie verfügen über eine grenzenlose und alle Gebiete umfassende Unfähigkeit: der Unfähigkeit, zu trauern.
Trauer stellt sich ein, wenn Verlust gespürt wird. Der Stadtbewohner wähnt sich am Tod der Stadt, am Vorrücken des Niemandslandes unbeteiligt. Er kann gar keinen Verlust mehr bemerken, und er kann nicht trauern. Selbst der Tod der Stadt gerät zum Betriebsunfall.
Das Niemandsland beerdigt niemand, und es hat keine

Tränen. Das Niemandsland ist der Tod und die Auferstehung der Maschinen.
Wir kommen zum Friedhof

NIEMANDSZEIT

Das Niemandsland ist nicht unser Land und ist es doch. Und alles geschieht in der Zeit. Zeit bedeutet hier das Messen-Können des Verlebens. Die Neuen Städter haben keine Erfüllung in ihrer Stadt, aber auch nicht zu ihrer Zeit. Der Gedanken sind so viele wie der Orte, wo man sein Leben hinverlegen wollte; immer vor oder nach das Jetzt, aber *nie in* das Jetzt. Niemand fühlt im Jetzt; es ist nicht unsere Zeit, es ist Niemandszeit, die Zeit der Fremden, der Anderen, Zeit der vorrückenden Finger, Zeit der Wunden und der Narben, die Zeit der trockenen Adern, Zeit der Falten ohne Weisheit.
Diese Zeit hat immer Einheiten, ist immer dem Leben fremd, und die Niemandszeit läßt den Wunsch entstehen, dieses Dasein endgültig hinter sich zu leben. Die Neuen Städter sind stolz darauf, daß sie älter werden als die Menschen vor ihrer Zeit; allerdings hatten jene länger gelebt.
Selbst der Kampf gegen die Zeit, die Arbeit gegen die Arbeit läßt Kämpfer und Arbeiter altern. Die Niemandszeit hat anscheinend ein unermeßliches Reich, in dem sich jeder bewegt, selbst die Zeitlosigkeit.

Doch trotz dieses Reiches ist nichts mehr wiederbringlich. Das Wort, früher bedacht auf Papier bemüht, nachlesbar, nachfühlbar, verhallt in Maschinen, die der „Kommunikation“ dienen sollen. Jede Stimme wird beschnitten. Auch die verbliebene Gefühlswelt unterzieht sich diesem Verkehr. Zärtlichkeit und Grausamkeit werden nivelliert, weitertransportiert und verpuffen gleichermaßen in den Drähten. Die räumliche Distanz wird so mühelos technisch überwunden wie die Gefühlsdistanz wächst.
Die Zeit mißt sich immer schneller und genauer, und sie hinterläßt keine menschlichen Spuren mehr außer ihrer Arbeit. Die Fragen zur Zukunft sind nur noch Versorgungsfragen.
Das Niemandsland lebt in der Niemandszeit: ein Tod bedingt den anderen. Henker und Gerichteter umarmen sich.

Wir haben uns lange im Niemandsland umgesehen. Wir verlassen es jetzt und kommen zum Land der

GRENZGÄNGER UND WILDERER

Es gibt welche, denen das Niemandsland die Heimat der Angst geworden ist. Sie suchen den Weg, es zu verlassen. Irgendwann stehen sie vor dem Ufer: Niemandsland auf der einen Seite und das Land der Wilderer auf der anderen. Der Fährmann sind sie selbst, und die Richtung ihrer Wünsche geht nie zurück. Manchmal dauert es ein Leben, bis das Ufer erreicht ist, sie das Boot besteigen. Manche finden das Ufer nie. Manche suchen es an einem ganz anderen Ort. Und dabei ist das Ufer überall.
Die Grenzgänger kommen zu den Wilderern. Die Wilderer kennen keine Theorie. Sie werden nie aussterben. Je mehr geregelt wird, desto mehr finden die Wilderer Zulauf, da desto mehr verstoßen werden muß und desto mehr verstoßen werden müssen. Jede Ausgrenzung ist auch eine Eingrenzung.
Die Wilderer kennen nichts Öffentliches und nichts Privates. Sie kennen sich. Sie kennen nicht viele und die gut; sie kennen wenige Orte, und die sind ihnen vertraut. Nichts ist in ihrem Raum, was nicht vom Raum kommt, und nichts ist in ihren Gedanken, was sie nicht leben. Wenn die Information die Informanten und die Informierten erschlägt – der Kopf der

Wilderer feiert fröhliche Orgien und der Leib dazu. Doch die Wilderer sind nicht gleichgültig. Sie sind nachdenklich. Sie sind erstaunt über die Anstrengungen, mit denen man sich im Niemandsland in die Zentren der Macht und des Nichts drängt, selbst wenn das Niemandsland dies sogar noch verbietet.
Die Wilderer haben keine Mächtigen. Mächtige brauchen Untertanen wie der Vogel die Luft. Die Mächtigen waren immer mächtig, aber noch nie frei.
Die Wilderer haben auch keinen Besitz. Es fällt ihnen nichts ein, was man mit gutem Gewissen aus dem Niemandsland rauben könnte.
Die Wilderer können sich über ihren Mund und ihre Gefühle verständigen. Sie haben keine Gedanken und Nachrichten aus der Maschine; solche haben keinen Wert bei Wilderern. Es wird ihrer nicht bedurft.
Die Wilderer haben auch keine Gedankenpolizei im eigenen Kopf; sie haben sich selbst. Der Kampf um das Gehirn des Menschen ist dabei eine alte Erfindung; es gibt ihn schon lange vor dem Niemandsland. Den Sklaven mußte erklärt werden, warum sie als solche geboren waren; der Krieg mußte den Kriegern erklärt werden; Gott den Ungläubigen; die Männer den Frauen; die Existenz des Geldes den Armen; die Existenz der Maschinen den Arbeitern. Der Kampf um das Denken ist so alt wie die Herrschaft. Doch die Wilderer kämpfen nicht, und sie herrschen nicht. Sie sagen einfach: es gibt uns. Und sie sind stolz darauf.
Ja, die Wilderer verlachen auch den dummen Sisy-

phos, der nie gestorben ist, der nie weniger wurde, der sein unsinniges Treiben einfach aufhören hätte können, doch heute noch seine Maschinen auf den Berg hinan rollt, bis er wieder von ihnen überrollt und zermalmt wird. Anfangs machte er die Wilderer noch traurig, doch im Lauf der Jahrhunderte wurde ihnen klar, daß sie ihm nichts erklären und helfen konnten in seiner Verbissenheit, es sei denn, sie würden wie er selbst. Sie ließen ihn allein und zogen weiter, nomadengleich.

Wilderer weinen und lachen; Tränen, Augen und Falten erzählen ihr Leben. Sie haben keinen Besitz und haben sich und ihre Erfahrung, ihre Weisheit. Und sie haben eine Geschichte, die sie selbst gelebt haben und leben werden. Sie sind die Nachfahren ihrer Vorfahren und die Vorfahren ihrer Nachfahren.

Hermann Hesse schrieb einmal:

„Man kann nicht wieder Kind werden. Das kann niemand. Man kann nicht einfach seine Kanonen, seine Maschinen und sein Geld weggeben und wieder in kleinen, friedlichen Städtchen Gedichte machen und Sonaten spielen. Aber man kann sich seines bisherigen Weges erinnern, seiner Herkunft und Kindheit, seines Großwerdens, seines Glanzes und seines Niederganges."

Die Wilderer sind der Überzeugung, daß wir unsere Kanonen, unsere Maschinen und unser Geld beenden können.

VORBEMERKUNG

Dieser (überarbeitete) Aufsatz aus dem Jahr 1981 sollte in der Diskussion über die Hausbesetzungen einen anderen Standpunkt beziehen: nicht den der autoritäts- und staatshörigen Bürger, die jeden Polizeieinsatz gegen Hausbesetzer begierig erwarteten, aber auch nicht den Standpunkt derjenigen, die in der sogenannten Jugendbewegung nur den Handlanger für eigene Ideen und Aktivitäten sahen. Oft genug gerieten die Jugendlichen stellvertretend zwischen alle möglichen Fronten, und ein nicht unerheblicher Teil landete im Gefängnis, im Heim oder in der Drogenszene.
Heute ist das Thema Hausbesetzung längst von der politischen und der öffentlichen Tagesordnung abgesetzt worden. Inzwischen hat eine scheinbar neue Entwicklung eingesetzt: eine ganze Bevölkerung ist zum Publikum geworden, zur Publikums-Gesellschaft. Immer gleiche Hitparaden, Telefonspiele über Radio und Fernsehen, Video-Spots und ähnlich Unproblematisches finden reichlich Kundschaft. Die damalige Stilform, die selbst eine Form des Protestes war, ist kurze Zeit später zur Mode der Schickeria geworden: Getigertes und Ledernes tragen längst die Arrivierten und Etablierten.

*

In den mühsamst im Frankfurter Häuserkampf geretteten Altbauten wohnen schon lange keine Wohngemeinschaften mehr, sondern die Bankiers und Immobilienmakler, die für die Zerstörung der Altstadt verantwortlich sind. Stolz werden den offiziellen Besuchern von Frankfurt die alten Häuserblocks als Beispiel denkmalschützerischer Leistung vorgeführt.
Mit einer gnadenlosen Systematik wurde allerorts die Anzahl der besetzten Häuser dezimiert. In Berlin sank die Zahl von 167 Häusern im Sommer 1981 auf 86 (März 1983), 61 (Juli 83), 33 (November 83), 29 (Dezember 83) und auf 18 im März 1984.
Der aufgeblähte Apparat der Berliner Justiz, der noch aus aufregenderen politischen Zeiten stammt, ist inzwischen unausgelastet. Das ist einer der Gründe für das aufsehenerregende politische Urteil gegen die beiden Journalisten Härlin und Klöckner vom Frühjahr 1984. Nach der Urteilsverkündung inszenierten die Richter, die Staatsanwaltschaft und die Pflichtverteidiger ein regelrechtes Besäufnis in den Diensträumen des Kammergerichtes. (Dieses „Richtfest" kam nur deshalb an die Öffentlichkeit, weil der Vorsitzende Richter stürzte und sich schwere Kopfverletzungen zuzog.)

*

Ob die Jungen dem allen entkommen sind?
Vielleicht haben sie es so gehalten wie jene in Kopen-

hagen Anfang 1983. Da ließen sich Polizisten im Stahlcontainer mit einem Kran an einem besetzten Haus hochziehen. Sie bohrten mit Preßlufthämmern ein Einstiegsloch und arbeiteten sich mit Rauchbomben und Tränengas vor. Aber ihr Feind war nicht anzutreffen. Die Hausbesetzer hatten in wochenlanger Arbeit einen Tunnel unter der Straße zum gegenüberliegenden Gebäude gegraben, durch den sie rechtzeitig verschwunden waren.
Es gibt auch trojanische Pferde, die nicht erfolgreich sind.

DIE WELT DER ERWACHSENEN
Ein Kaleidoskop aus alten und jungen Bewegungen

1. Arbeit

„Jeden Morgen stehen wir, Millionen, wie ein Mann zu ein und derselben Stunde, ein und derselben Minute auf. In ein und derselben Stunde beginnen wir, ein Millionenheer, unsere Arbeit, zur gleichen Stunde beenden wir sie." (Jewgenij Samjatin)

Wie ein Verunglückter von der Existenz des Unglücks beeindruckt sein mag, sind es die Arbeitenden von der Existenz der Arbeit. Sie betrachten nicht den unermeßlichen Friedhof, den ihr Wollen und Tun hinterläßt. Es macht ihnen nichts aus, wieviele Gedanken und Geheimnisse sie jeden Tag gegen Gehalt verraten. Die herrschende Vernunft drängt auf Zusammenschluß und gemeinsame Erkenntnisse, auf gemeinsames Handeln und gemeinsames Zerstören. Aber mit diesen Gemeinsamkeiten beginnt auch die Einsamkeit, die allem technisch organisierten Leben geschuldet ist.
Man mag einwenden, daß man schließlich zu den Nutzlosen gehöre, zu den Nichts-Tuern. Aber die Hymne an die Untätigkeit ist nur harmlos, und oftmals streben die Untätigen letztlich am begierigsten danach, tätig zu werden. Erst dann bietet sich auch ihnen ein Inhalt.

„Der ängstliche Beamte und der wildeste Anarchist: sie leben, selbst wenn sie dem Staat ein verschieden gerichtetes Interesse entgegenbringen, als dessen Funktion; beide sind sie zuinnerst Bürger, auch wenn dem einen seine Pantoffeln am Herzen liegen und dem anderen seine Bombe." (E. M. Cioran)

Schließlich verteidigt jeder seinen Alltag, seine Welt – beziehungsweise das, was er dafür hält. Auch diese Verteidigung geschieht gemeinsam. Erst durch die Industriewelt wurde die „Masse" Mensch überhaupt möglich: erst sie hat die uniformen Gleichheiten erschaffen, die Konfektionierung von Waren, Gedanken, Überzeugungen.
Gleichzeitig rechtfertigt sich die Industrie über die Massen – und die Massen rechtfertigen die Industrie. Wer sich in die Warenwelt begibt, muß sich nicht wundern, wenn er darin umkommt.

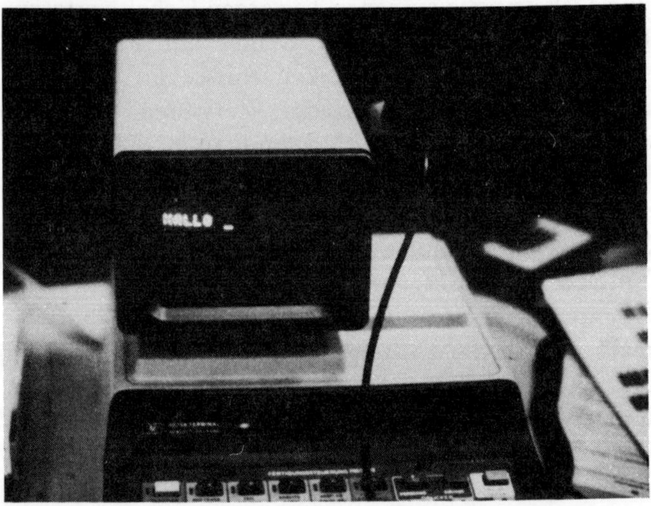

Die Arbeitenden geraten oftmals in Krisen. Die Arbeit selbst kennt keine Krise: sie wird täglich neu geboren. In ihrer militanten Disziplin sorgt sie für die Angepaßtheit, die sich von Konzernleitungen bis zu Alternativbetrieben wiederholt. Mangel an Arbeit und Überschuß an Krieg sorgen am effektivsten für diese Disziplin – eine Moral ist immer konjunkturabhängig.
Jeder Staat wird die Arbeit und die Technik weitertreiben. Das ist sicher. Wille, Technik, Faschismus. Darum war die Arbeit noch nie einem Staat gefährlich: sie gehört zu ihm wie das Automobil zum Verkehr.
Die Besitzer der Arbeit sind unsere einzigen, bedrückt strahlenden, letzten Sieger: Helden des Alltags.

„Seine Arbeitskraft: grenzenlos, sein Appetit: unersättlich ... Einsteigen, ehe es klingelt! Überzeugungen sind hier fehl am Platz. Bürokrat, Karrierist, Mitesser des Staatsscheißkerls. Herrschaft durch Aktendekkel: Verwaltung ist alles.“ (H. M. Enzensberger)

2. ALLTAG UND AUFSTIEG

Ein kleinkrämerischer, bescheidener, mieser Verwirklichungswahn erzeugt vorfabrizierte Wünsche. Jeder Erwachsene hat solche Pläne im Kopf. Der Alltag scheint aus lauter winzigen Albernheiten seine grausame Stärke, seine ungeheure Strenge zu holen.

„Ihr glaubt zu essen, aber das ist kein Fleisch, womit sie euch füttern, das ist Köder, der schmeckt süß.“ (Enzensberger)

Auch ein Köder hat Qualitäten, und es gibt viele Köder, denen die Erwachsenen erliegen und die sie stolz in das offene Grab ihrer Aktentaschen gleiten lassen. Erwachsener sein heißt zufrieden sein. Seine Wünsche siedeln immer nahe der Angst, und seine Gier wächst mit der Verweigerung oder der Erfüllung dieser Wünsche. Das Augenmerk der Erwachsenen gilt einer guten Arbeit und einer guten Freizeit: in jedem Fall einer Ordnung.
Am bedrückendsten sind Wartende, dem Fortschritt Verfallene, auf die Zukunft Hoffende: alle, die glauben, das etwas besser wird.

*

Die Angst vor der Ohnmacht ist oftmals die Angst vor der Machtlosigkeit, vor der Un-Sicherheit. Deshalb muß jeder Staat seine Macht und seine Sicherheiten anbieten.
Ich bin stets bei euch, versichert er freundlich. Erst seit es mich gibt, gibt es Leben. Dazu kommt man nur durch mich, und alles Leben ist mein Leben. Jeder Erwachsene lebt in meiner Freiheit, jeder genießt den Besitz, dessen Garant ich bin.

*

In dieser Welt hat alles seinen Gegenwert. Bekanntschaft hat ihren Preis, Geschichte ihre Kosten, Sicher-

heit ihre Bilanz. Freundschaften sind Scharmützel, Gefechte, Kriege, Tod, bestenfalls klebrige Idyllen, die Langeweile verbreiten. Familien schreiben das Eingeständnis einer Niederlage fest; sie sind manifestierte Kapitulationen, Rückzüge, Eingeständnisse des Verlassen-Seins. Alles in allem: Vorlieben für gemeinsame Ketten.
Trotzdem ist der Aufstieg der Erwachsenen unvermeidlich.

*

Natürlich ist dieser Aufstieg mit Qualen verbunden, mit Anstrengungen. Aber er hat Vorsprünge zu bieten, die begierig wahrgenommen werden, und seien sie auch noch so unbedeutend. Schließlich ist der Erfolg eine Währung: der pekuniäre, der revolutionäre, der zur Tat oder zur Untat, der vorsichtige oder der unmäßige: eine Diktatur von Lächerlichkeiten.
Irgendwann werden auch die Schandtaten langweilig.

*

„Das Bewußtsein greift in unser Tun nur ein, um dessen Ausführung zu stören, das Bewußtsein ist eine unaufhörliche Infragestellung des Lebens. Es ist vielleicht der Verderb des Lebens." (Cioran)

Zumindest ist es die Heilige Kuh der Revolutionsdynamik.
Jeder hat ein Bewußtsein, heißt es nach gängigen

Lehrmeinungen: Spießer, Zuhälter, Gläubige, Lehrer und Linke, Reiche und Rechte. Es ist mehr als fraglich, ob jemals ein „richtiges“ oder „falsches“ Bewußtsein am Gang der Menschheit etwas aufgehalten, geändert, verhindert oder gar verbessert hat.
Wie die Moral lebt das Bewußtsein aus der Konstruktion von Verantwortung und Abscheu. Sein Nährboden ist das Dasein: eine Ansammlung von Siegen und Niederlagen. Es ist ein anstrengender Prozeß, die Niederlagen in Siege umzumünzen – oder zumindest in ein Unentschieden. Schließlich werden diese verkehrten, verzerrten, verschuldeten Ansichten zur Wirklichkeit der Erwachsenen: zur offiziellen.
Selbst die ehemals Aufbegehrenden, die gestrigen Revolutionäre wandeln sich angesichts dieser strengen Wirklichkeit: ihre neue, freudige Konstruktivität hilft dem niederliegenden Geschäft, der maroden Kultur weiter. Das Gerüst des Staates wird nur zu gerne von gealterten und bekehrten Staatsfeinden instandgesetzt.

*

Alles sogenannte NORMALE verspottet insgeheim seine Anhänger. In Wirklichkeit hat es seine eigenen, entgegengesetzten Vorzeichen: räuberische Polizisten, brandlegende Feuerwehrleute, stehlende Richter, prügelnde Familienpsychologen ... Darüber schweigen die Statistiken.

Mit dieser Heuchelei des Normalen lassen sich die größten Ungereimtheiten problemlos durchsetzen. Es hat für das Heute gesorgt, es wird für das Morgen sorgen, und es pflegt sich über (seine) Mehrheiten herzustellen. Zwischen den Gefangenen und den Wärtern entwickelt sich immer eine Beziehung: verschwimmende Grenzen bis hin zur Unterschiedslosigkeit.
Vielleicht heißt Leben auch nur, Lügen und Verfall zu betrachten.

3. HUNGER

„Der Tod zählt nicht mehr. Die Auferstehung hat ihn seiner Macht beraubt."
(Georges Duby)

Aber es gibt ihn dennoch.
Die Armut zählt nicht mehr. Der Sozialstaat hat sie ihrer Macht beraubt. Aber es gibt sie dennoch.
Die Erwachsenen predigen gerne vom Verzicht, diesem grausamen Sohn grausamer Wünsche. Gleichzeitig planen sie zielstrebig *ihre* Zukunft, die die Zukunft anderer verwehrt und verhindert. (Was soll man noch empfinden bei dem so lächerlichen wie tödlichen Kampf der reichen Welt gegen die arme – Mitleid etwa, oder gar Selbstmitleid?) Und für dieses aufwendig-armselige Dasein braucht jeder der Erwachsenen ein wahnwitziges Aufgebot an Raum und Maschinen. Diese Verewigungen leben durch Zerstörung, bis sie selbst wiederum zerstört werden.

Wohlleb-Gasse
MEH FREIHEIT
FÜR DIE
REICHEN!

Die Kunst des florentinischen Festungsbaus bestand darin, die Oberfläche der Verteidigungsmauern zu vergrößern, so daß innen mehr Verteidiger kämpfen konnten als außen Angreifer Platz hatten – einem Verdauungstrakt gleich, der den Gegner auflösen sollte.
Ähnlich versucht der heutige Staat all das aufzulösen, was sich ihm entgegenstellen will. Er trägt die Grenze zwischen seinem Innen und seinem Außen, zwischen Freund und Feind in sich, und er eilt behend über die Grenzen der Trauer, die er nicht zu bemerken scheint. Aber ein Stein ist ein Stein, und eine Mauer ist eine Mauer.

„Wer lange nicht gegessen hat, ist zu schwach, um zu sprechen, stochert im Müll, dichtet nicht. Was wir vom Hunger wissen, stammt aus dem Mund der Satten, also viel ist es nicht." (Enzensberger)

Gleichzeitig gibt es einen geistigen Hunger, ein Ende von Erfahrung, die niemand mehr haben will und der so eifrig wie erschöpft der Einlaß verwehrt wird. Es gibt viele Arten, müde zu sein: einem Beruf nachgehen, Kinder zeugen, zu wählen, Freizeit genießen, Feiertage feiern.
Man kann auch zum Lachen verurteilt werden.

*

Die Zahl der Verletzungen wächst, ohne daß sie eingestanden werden. Und niemand darf den Grad der Ge-

brochenheit zugeben, um diesen nicht noch zu verstärken.
Zumindest bringe ich mir meine Verletzungen selbst bei, denkt der Erwachsene stolz und folgt zielgerichtet seinen Schmerzen, die er genauso zielsicher anderen zufügt.
Irgendwann wird er alt. Wenigstens jetzt soll sich Zufriedenheit einstellen. Aber es kommt nur der Widerstand gegen das Altern. Viel Geld und Schmuck wird in diesem Kampf aufgeboten, viel Wille und Härte. Es ist keine Trauer dabei, eher Ärger über die verlorenen Möglichkeiten, Wut über die sich mehrenden Unmöglichkeiten.

*

Das ist die Welt der Erwachsenen: eine Welt, in der man nur noch sicher sterben kann, eine Welt, die sich so aufwendig am Leben erhält, wie sie ihren Tod gestaltet. Ist es eigentlich schade um diese tobende Maschinerie?
Da taucht von fern ein frisches Objekt der Begierde auf, eine verschwommene Utopie für Sozialarbeiter, Lehrer, Richter, Polizisten, Journalisten und natürlich für Eltern. Schmerzliche Eindrücke, qualvoller Neid, Erinnerungen an ein Damals werden wach: Jugend.

„Alle Fürsten des 14. Jahrhunderts legten zu ihrer Unterhaltung, aber auch aus dem Wunsch heraus, das ganze Universum zu besitzen, Sammlungen mit fremden Objekten an, die die Kaufleute vom anderen Ende der Welt mitbrachten. In ihren Gärten unterhielten sie Tierhäuser, in denen man lebendige Affen und Leoparden bestaunen konnte." (Duby)

4. JUGEND-ZEIT

Angesichts der angebotenen Gegenwart ist der Weg zur Empörung naheliegend, und Gründe dafür gibt es viele. Da ist die Abscheu vor den gelebten Zustimmungen; der Unterschied zwischen den Erwachsenen, die HABEN und den Jungen, die nicht haben; das Leben unter Greisen, die weder alt noch erfahren sind. Die Unsicherheit bricht meist in vielen Bereichen aus.

*

Die Erwachsenen leben von jeher mit Gewissensbissen, Vorwürfen, Selbstmitleid. Nun schielen sie – besorgt und ärgerlich – nach den Jungen, beneiden sie, daß jene tun, was ihnen selbst unmöglich erscheint. Jene stellen in Frage, was ihnen selbst längst klar ist – Tätigkeit, Unterkommen, Leben: Sinn. Mit diesen Fragen müssen sich die Erwachsenen nicht mehr beschäftigen. Sie haben sich längst entschieden.
Die Bedächtigeren unter ihnen warten darauf, daß die Jungen von heute zu den Erwachsenen von morgen werden – und damit ebenfalls durch Besitz und Beruf ihrer Welt verpflichtet. Die Eifrigeren rufen die eigenen, alten Aufstände und Revolten ins Gedächtnis, die besser waren als die heutigen.
Erleben wird Erfahrung, und Erfahrung wird Erinnerung. So schnell altert Geschichte.

*

Die Welt der Erwachsenen errichtet stets neue Grenzen: sichtbare und unsichtbare, und ihnen zu entkommen ist ein schwieriges Unternehmen. Alle erreichbaren Gebiete sind an Besitzer verteilt, und die sind immer Erwachsene.

Die Jungen sagen nicht: Es ist schade, daß ihr nichts versteht. Sie sagen: Zum Glück habt ihr nichts verstanden. Oder sie schweigen. Einige hoffen auf die Kraft des Verlassens. Andere wissen um ihre Einsamkeit. Manche glauben die Mittel zu kennen, mit denen man eine Welt aus den Angeln heben kann.

„Wenn uns die Ewigkeit heimsucht, was bedeuten uns die Änderungen, die im Leben der Institutionen oder Völker erfolgen? ... Jede Epoche ist geneigt, zu glauben, daß sie in gewisser Weise die letzte ist, daß sich mit ihr ein Zyklus schließt oder alle Zyklen schließen." (Cioran)

Aber der Staat und seine Erwachsenen sind wachsam: junge Polizisten altern im Einsatz und werden erwachsene Polizisten; junge Revoltierende altern in der Revolte und werden Kranke, Gefangene, Tote – oder Erwachsene. Scheinbar wahllos schleudert die Geschichte ihre Generationen hervor, um sie dann nach ihrem Gutdünken wieder in Tod und Vergessenheit zu knüppeln.

*

Die Erwachsenen bilden sich ihre Meinung.

„Angeführt von den Nackten durchquerte der Zug den Züricher Hauptbahnhof, wobei sie ‚Schreie wie Indianer' ausstießen, wie der Bahnhofsvorstand beschrieb." (SZ, 25.8.1980)
„Etwa 1 000 Jugendliche demonstrierten heute in Wien. Die Demonstranten protestierten gegen die verschiedensten Ursachen: gegen Aufrüstung, Atomkraftwerke und Umweltzerstörung." (ORF-Nachrichten, 7.3.1981)
„Auf den Inseln der Romantik und der schweifenden Sinne mag auf das ‚Gesetz' verzichtet werden, nicht aber hieniden." (SZ, 7.4.1981)
„Wer für eine bestimmte Gruppe von Rechtsbrechern Ausnahmebehandlungen fordere, betrete den Weg zu einer ‚politischen' Justiz, wie sie die Zeit der Hitler-Diktatur kennzeichne." (Katholischer Diözesanrat, Juli 1981)

Die Erwachsenen fällen ihre Urteile.

„Es müssen die notwendigen gesetzlichen Instrumente bereitgestellt werden, um der Gewalt Herr zu werden." (Bayerischer Innenminister, März 1981)

„... die in Nürnberg unschuldig Inhaftierten könnten mit einer Haftentschädigung von 10 Mark pro Tag rechnen.“ (Bayerischer Justizminister, März 1981)

„Die Behauptung, ein Staatsanwalt habe sich geweigert, Haftbefehlsanträge zu unterzeichnen und sei deshalb ersetzt worden, entbehre jeder Grundlage. Unter den beteiligten Staatsanwälten hat vielmehr volle Einigung über das notwendige Vorgehen bestanden.“ (Bayerischer Justizminister, April 1981)

„Das Unterschreiben vom Staatsanwalt vorbereiteter Haftbefehle sei im übrigen von jeher üblich. Man wolle damit dem Ermittlungsrichter die Arbeit erleichtern.“ (Justizpressestelle München, April 1981)

„Wie der Berliner Mieterverein mitteilte, gab das Amtsgericht Wedding der Räumungsklage eines Hauseigentümers gegen einen Mieter statt, weil dieser die Hausbesetzer unterstützt und damit das Vertrauensverhältnis zum Vermieter erschüttert habe.“ (SZ, 8.7.1981)

„Ein hoher Polizeibeamter sagte gestern zu BILD: ‚Rattay gehörte zum ganz harten Kern der Gewalttäter!‘“ (BILD, 25.9.1981; Jürgen Rattay war 17 Jahre alt, als er von einem Bus der Berliner Verkehrsbetriebe überfahren und tödlich verletzt wurde.)

„Das Gericht habe sich nicht von sachfremden Erwägungen bei der Urteilsfindung leiten lassen, betonte der Vorsitzende ... nur müßten sich die Angeklagten fragen lassen, ob sie jemals darüber nachgedacht hätten, in welcher Not ihre Väter und Mütter während des Krieges gelebt hätten.“ (Nürnberg, November 1981)

Die Erwachsenen begehen ihre Taten.

„In Basel ist am Mittwochabend die Polizei gegen eine nicht genehmigte Demonstration eingeschritten und hat 64 der rund 70 vorwiegend jugendlichen Demonstranten festgenommen. Die Demonstranten nahmen an einem Trauerzug für einen Untersuchungsgefangenen teil, der sich erhängt hatte.“ (SZ, 22.8.1980)

„Über den Einsatz der in mehreren Stadtteilen von Einwohnern gebildeten ‚Bürgerwehren‘ wurde nichts bekannt.“ (SZ, 27.12.1980)

„Am Dienstag gab die Firma dem Unternehmen den Auftrag, die beiden mittlerweile leerstehenden Häuser abzureißen. Dabei sei irrtümlich auch

das dritte Haus so stark beschädigt worden, daß es abruchreif sei." (SZ, 26.3.1981)
„Die Schweizer Versicherungen wollen in rund zwei Wochen eine spezielle Krawallschädenversicherung – eine Neuheit im Assekurranzwesen – auf den Markt bringen." (SZ, 26.3.1981)
„Berliner Polizisten haben aus eigener Initiative erstmals statt in Uniform in Jeans und Lederjacken mit Wollmützen vermummt und mit Holzknüppeln in der Hand ein besetztes Haus in Kreuzberg durchsucht."

(SZ, 22.5.1981)
„Eine Schreibmaschine, Gummihandschuhe, Plastikblumentöpfe mit den dazugehörigen Pflanzen wurden sichergestellt und abtransportiert." (Nürnberg, Mai 1981)
„Für die Notärzte gab es denn auch nach einem Bericht des Bayerischen Roten Kreuzes ‚Großalarm' mit elf Rettungswägen und zwei Notarztwagen. Nasenbeinfrakturen, Prellungen, Gehirnerschütterungen ‚und Ähnliches' vermerkt der Bericht. Der Polizeibericht führt die Verletzungen auf Stürze in die drei Meter tiefe Baugrube zurück, räumt jedoch ein, ‚‚auch bei Widerstandshandlungen kam es zu Verletzungen'." (SZ, 19.9. 1981)

5. GEMEINSAMKEITEN

„... daß heute Polizeipräsidenten von der Jugendrevolte, die vor 13 Jahren, Ostern 1968, explodierte, rückblickend in geradezu nostalgischen Tönen schwärmen – nach der Art: ‚Das waren halt noch Burschen!' So schnell sind die Osterunruhen von 1968 bereits zur ‚guten alten Zeit' geworden." (SZ, 18.4.1981)

Die jüngere Vergangenheit ist immer schreckender als die länger zurückliegende. In Deutschland nützt das vor allem jenen, die schon im Dienst des Faschismus standen. Wozu also die gegenwärtige Zeit beobachten: sie dient doch nur dazu, die offiziellen (harmlosen) Gegner im Gedächtnis wachzuhalten und Arbeit, Alltag und Hunger unauffällig als vertraute Heimat darzustellen.

„Freu dich nicht zu früh: das Aussichtslose ist keine Karriere."
(Enzensberger)

Auch die Nicht-Zukunft ist eine Zukunft. Es mag ein Weg sein, die Spannung zwischen dem Niedergang der Welt und der eigenen Schwäche auszuhalten. (Die Traurigkeit über diese Art von Zukunft ist vielleicht ein Synonym für Hoffnung.)
Die Vorgaben sind vollständig: Heimat und Fremde, Gegenwart und Zukunft gehören anderen. Also was tun in der Welt der Erwachsenen – mit ihrer Arbeit, ihrer Energie, ihrem Geld, ihren Waffen, ihrem Müll: ihren Möglichkeiten und ihren Unmöglichkeiten?

Die Ohnmacht ist immer genauso groß wie die Macht, bloß zahlreicher – und ängstlicher. Die Jungen begreifen, daß man sich jedem unterlegen, aber ebenso überlegen fühlen kann. Doch auch sie entwickeln Einheitlichkeiten und Uniformen, Vorlieben und Verachtungen. Auch sie entwickeln Geschmack und Form.

„Ästhetizismus ist das Produkt hoffnungsloser Zeiten." (Heinrich Mann)

Wünsche nach Veränderung sind immer ein Ausloten: was zum bisherigen Bestand gehört, was nicht dazugehört, was nie dazugehören wird. Die wertvollsten dieser Wünsche sind jene, die nicht erfolgreich sind. In der Hauptsache strebt man nach den wertloseren: das sind die durchsetzbaren. Die Bejahung der bestehenden Welt erfolgt immer unter wesentlich weniger Schmerzen als ihre Verneinung.

*

Eine Bevölkerungs-*Masse* unterliegt ihrer Bestimmung, erreichbar zu sein: über Identität und Technik, über Ausweis und Kabel. Spätere Massen werden immer leichter erreichbar als frühere. Die heutigen sind es am stärksten, in dieser Eigenschaft nur von den morgigen übertroffen. Für die Jungen werden sie immer fremder – und immer unerreichbarer.
Die Erwachsenen kennen viele Arten, eine Umarmung anzubringen. Dazu gehört neben wenigen Handelnden

stets eine größere Zahl von Zuschauern, von Medien, von Claqueuren. Erst sie lassen in ihrer vernichtenden Gleichgültigkeit Bewegungen entstehen, und sie lechzen nach deren Geburt und Tod. Es sind teilnehmende Gegner; sie verehren die Einsamkeit der Fronten. Die Jungen haben sich den Mut zur Tat gerettet. Aber alle Taten ändern die ursprünglich zugrunde liegende Idee. Schließlich werden nur noch Ausbruchsversuche daraus: ein Zählen von Scheiterhaufen.

*

In diesem Land gab es schon einmal eine (leider recht erfolgreiche) Bewegung, die diesen Begriff in Besitz nahm, prägte und bloßstellte, ohne dabei die Lust an seiner weiteren Verwendung endgültig zu zerstören. Der Konstruktion einer Bewegung unterliegt die Rechtfertigung für die eigene Untätigkeit – und gleichzeitig die Rechtfertigung des Staates für dessen eigenes Tätigwerden: stellvertretend. (Aus gutem Grund ist noch nie ein Staat der Gründung von kriminellen Vereinigungen beschuldigt worden.)

Erst wird den Jungen der Anspruch auf Aktion zugeschoben, für den sie dann zur Verantwortung gezogen werden: wenn sie gegen die Welt der Erwachsenen verstoßen. Und es ist kaum etwas leichter als das.
Jeder der Zuschauer verfolgt das Geschehen anteilnehmend: kalt lächelnde Verzeihende eingedenk der eigenen Verstrickung. Manche bemerken erst, was ihnen das Spektakel bedeutet hat, wenn es vorüber ist.

6. WIDERSTAND

Es gibt viele Wege, Wirklichkeiten festzustellen, zu leugnen oder zu benützen, um dann daraus seine Schlüsse zu ziehen, seine Urteile zum Gesetz zu erheben, zu handeln. Und der Zwang zum Handeln hat sich fast schon als kategorischer eingebürgert. Darauf verweisen ernst die Erwachsenen. Aber wie soll ein Ziel erreicht werden, wenn nicht über den Weg der Macht?
Aus seinem Grab auszubrechen ist unmöglich; der Ausbruch muß also vor dem Sarg erfolgen. Aber aus dem Gefängnis des Alltags fliehen scheint schwierig zu sein. Zu diesem Gefängnis gehören selbst die, die es feststellen und darauf verweisen. Auch sie sind im Inneren, nur aufmerksamer, während die Mithäftlinge sich weigern, eine Bedrohung einzugestehen.

*

„Alles in allem ist es angenehmer, von den Ereignissen überrascht zu werden, als sie vorhergesehen zu haben.“ (Cioran)

Was nützt es, an der Front der Erkenntnis oder an der Front des Straßenkampfes zu sein? Auflehnung und Demut sind dem gleichen Dasein verwurzelt. Jeder Widerstand wird über kurz oder lang gebrochen oder integriert, und oft fügen sich die ehemals Widerstehenden am endgültigsten in ihr Schicksal.
Trotzdem ist der Widerstand das einzig Erwähnenswerte in dem Verzeichnis der Mißliebigkeiten, das sich die Welt der Erwachsenen angelegt hat. Natürlich ist auch er eingeplant. Seine Fronten sind vorher bestimmt, sein Anfang und Ende festgelegt, die Bedingungen der Begnadigung längst ausgearbeitet.

„Es ist überhaupt ein Grundsatz in der Politik, erst dann Beweise von seiner Güte abzulegen, wenn man sich gegen die Übeltäter in seiner ganzen Strenge gezeigt hat.“ (Napoleon)

Der uns bekannte Widerstand soll nur zu neuen Grenzen führen. Er soll neue Gebiete entdecken helfen, die den Erwachsenen noch verborgen waren. Seine Existenz ist – als bloße Möglichkeit – gewährleistet; sie macht den Alltag erträglicher. Wenn man die Wege des gewohnten Widerstandes geht, dann unterwirft man sich der angebotenen Wirklichkeit. Selbst das Aufbegehren gegen die Ordnung wird diese zunächst großmütig einräumen.
Durch die offizielle Form des Widerstandes wird der

Aufstand nicht zur Aufhebung des Bestehenden, sondern zu seiner Bestätigung und Verstärkung. Das zeigen schon die aus dem frühen Mittelalter stammenden Gesetzesbestimmungen des Königs Ine von Wessex, mit denen er mögliche Angreifer klassifizierte:

„Sind es weniger als sieben, handelt es sich um einfache Diebe, treten sie zahlreicher auf, bilden sie eine Räuberbande; sind es aber mehr als fünfunddreißig, haben wir es fraglos mit einem militärischen Angriff zu tun.“
(Nach Duby)

*

Heutige Begründungen mögen ausführlicher sein; die definitorische Leistung des Staates bleibt die gleiche. Es gibt keinen guten oder schlechten Herren: es gibt nur ihre bedrückende Anwesenheit. Deshalb ist es sinnlos, lediglich einen Wechsel der Könige (oder Götter oder Politiker) anzustreben. Aber dieses Verfahren ist bekannt und wird immer weiter praktiziert. Ständig bieten sich neue Anführer an – manche sogar mit der Versprechung, die Anführer abzuschaffen.

„Die Revolution ... muß die Eigenheiten, den Apparat und sogar die Funktionsweise der Ordnung nachahmen, die sie gestürzt hat; je mehr sie sich darauf einläßt, desto mehr wird sie ihre Grundsätze und ihr Prestige zerstören ...“
(Cioran)

Immerhin ist der bekannte Widerstand auf seine Weise erfolgreich. Wir verschweigen unsere eigenen kläglichen Versuche, die nicht ins Gewicht fallen. Aber wenn sie erfolgreich wären, würden sie sich ebenfalls stolz Umsturz, Revolte, Revolution nennen? Auch sie haben ihre Gesetzmäßigkeiten und Geschäftsbedingungen, und die Geschichte von Gesellschaften erscheint derart ausweglos und eindimensional zu sein, daß in dieser Darstellung fast schon wieder eine Absicht bestehen könnte.

*

Schließlich klammert man sich zuletzt doch wieder an die Vernunft; an das Wissen, daß die Tragik nicht darin besteht, erfolglose Kämpfe zu führen, sondern aussichtslose, daß eine Lust an der Zukunft auch darin bestehen kann, zu erfahren, wie und in welchen Abgrund die Menschheit stürzt. So wird die Vernunft zum Opium für Verzweifelnde – und für Bekehrte.

„Gefängnisse sind ein schöner Anblick. Solange man sie vor Augen hat, weiß man, daß man nicht drin sitzt.“ (Francois Villon)

Indes – es gibt viele Gefängnisse, und nur in den wenigsten ist man nicht Insasse.

7. ABSAGE

Kann die Welt der Erwachsenen überhaupt verlassen werden; gibt es sie wirklich oder gibt es nur die Idee von ihr?

Oft weiß man es nicht mehr und möchte Abschied von ihr nehmen. Dann folgt man ihr doch wieder treu. Wenn man verstanden hätte, wäre man nicht geblieben.
Aber auch wir sind Fußvolk.

*

Gerade der Glaube an den Fortschritt ist die trivialste und älteste Form der Angepaßtheit. Er bringt die Angst zum Ausdruck, auf Grenzen zu stoßen, über die es keine Hilfe gibt. Dumpf verkündet er die unheilvolle Forderung, seine Wünsche zu erfüllen. Seine Vertreter ähneln Predigern: sie stellen das Paradies in Aussicht und fordern selbstherrlich Gültigkeit für ihre Urteile. Sie bearbeiten die Rechtfertigung von Untergängen.

*

Die Frage ist müßig, ob sich ohne die Welt der Erwachsenen ein annehmbareres Dasein vorstellen ließe. Von mäßigem Interesse ist auch die Frage, ob sich ohne Eingriffe ihres ‚besseren' Teils (Mäzene, Sozialfreunde, Moralisten etc.) tatsächlich eine schlechtere (oder wenigstens eine andere) Welt ergeben hätte.
Vom ursprünglichen Wesen des Daseins ist nichts geändert worden, und darin kann auch nichts geändert werden — selbst von einer Menschheit nicht, die im-

merhin mit ihren Waffen alles Leben zum Erliegen bringen könnte; alte Gültigkeiten bestehen nach wie vor. Deshalb ist es ähnlich falsch, zu sagen: daß es besser war, daß es besser wird, daß es zu ändern ist oder daß alles vorbei ist.
Vielleicht kennen wir nur die falschen Vergangenheiten. Aber es gibt richtige oder sind sie nur ausgesucht worden, weil sie mit der jeweiligen Gegenwart übereinstimmen? Auch die Welt der Erwachsenen kommt aus einer Vergangenheit. Aber sie bestimmt eine Gegenwart, die keine Aussicht auf Zukunft zuläßt.

*

„Wer Geschichte macht, versteht sie kaum, und wer in dieser oder jener Weise an ihr mitwirkt, wird entweder zum Düpierten oder zum Komplizen.“ (Cioran)

Nur durch das Verlassen, durch das Fortgehen wird diese Welt verändert, nicht durch die Gemeinschaft mit ihr, durch irgendeine Teilhabe an ihr. Deshalb bleibt als einziges die Absage an diese Gemeinsamkeiten und zwar an alle: an ihre Arbeit, ihren Alltag, ihre Erwachsenen.

*

Je eindringlicher die Welt der Erwachsenen ihr Leben als einzig mögliches darstellt, umso deutlicher verweist sie auf ANDERES.

LITERATUR:

E. M. Cioran	Lehre vom Zerfall (1978)
	Die verfehlte Schöpfung (1979)
	Über das reaktionäre Denken (1980)
Georges Duby	Krieger und Bauern (1977)
	Die Zeit der Kathedralen (1980)
H. M. Enzensberger	Die Verteidigung der Wölfe (1957)
	Mausoleum (1975)
Jewgenij Samjatin	Wir (1920; 1958)

DIE WELT DER FABRIK
Bericht über industrielle Kreisläufe

„Gewisse Spinnen aus den Familien der Araneidae und Uloboridae, sogenannte fallenstellende Radnetzspinnen, bauen in das Zentrum ihrer Netze x-förmige, strichartige oder kreisförmige Bändermuster aus weißer Seide ein, die die Netze aus großer Entfernung erkennen lassen. Vögel und Schmetterlinge (sehen) die markierten Netze und (ändern) ihre Flugrichtung abrupt, wenn Gefahr besteht, in ein Netz hineinzufliegen. Dies nützt beiden Seiten. Vögel und Schmetterlinge vermeiden, daß ihre Flügel verkleben. Den Spinnen andererseits wird eine Neuanfertigung der zerstörten Netze erspart."

So mögen auch viele Interpretationen zur menschlichen Zivilisation entstanden sein. Eine zunächst eingängige, höchst plausibel erscheinende Idee leitete eine Entwicklung ein, die in der ihr zugrundeliegenden, eindimensionalen Sichtweise zu kurzfristig, zu einfältig war. Die oben angeführte Geschichte findet ebenfalls ihre Wendung:

„Eichelhäher zum Beispiel orientieren sich an den auffälligen Seidenmustern, beobachten die Netze und fressen die Spinnen, sobald sie ihr Netz verlassen. Auch Wespen suchen bevorzugt die leicht erkennbaren Netze auf und fangen die Spinnen als Nahrung für ihre Brut."[1]

*

Das Folgende vertieft eine These des Philosophen E. M. Cioran, nach der alles, was die technisch orientierte Zivilisation unternimmt – und das meist unter größten Anstrengungen und Entbehrungen, Opfern

und Enttäuschungen –, sich letztendlich gegen sie selbst wendet. Es beginnt mit einem kurzen Abriß über die Bausteine der Fabrik: über Geld, Zeit, Arbeit; über ihre neuen Macht-Mittel und über die Identitäten, die sie anzubieten hat.
Im Exkurs über die ‚Welt als Ableitung' soll eine gestern erst verringerte, heute schon dezimierte und morgen vielleicht endgültig verschwundene Vielfalt nachvollzogen werden.
Im Teil über die industriellen Kreisläufe wird der geschichtliche Beginn dieser circuli vitiosi benannt, der dann fortführt mit Beispielen für die Kreisläufe Arbeit und Energie, Staudämme, Kanäle, Atomkraft, Landwirtschaft, Medizin, Kriegswesen. Es schließt mit dem Begriffspaar Sicherheit und Katastrophen. Am Ende stehen Folgerungen.

I DIE KONSTRUKTION DER FABRIK

In Italo Calvinos Buch „Die unsichtbaren Städte" führen der fernöstliche Herrscher Kublai Khan und sein Gast Marco Polo folgendes Gespräch:

> Marco Polo beschreibt eine Brücke, Stein um Stein. „Doch welcher Stein ist es, der die Brücke hält?" fragt Kublai Khan.
> „Die Brücke wird nicht von diesem oder jenem Stein getragen", antwortet Marco, „sondern von der Linie des Bogens, den diese bilden."
> Kublai Khan verharrt in nachdenklichem Schweigen. Dann setzt er hinzu: „Warum sprichst du von den Steinen? Nur der Bogen ist für mich von Bedeutung."
> Polo erwidert: „Ohne Steine gibt es keinen Bogen."

Auch die Konstruktion der Fabrik besteht aus Bausteinen; ohne sie hätte die Linie ihres Bogens nicht eine derart verhängnisvolle Kraft und Energie bis zum heutigen Tag gewinnen können. Die tragfähigsten dieser Elemente sind Geld, Arbeit und Zeit, und eigentlich muß man auch noch die rationale Vernunft dazurechnen, die jene Bündnisse einleitet, billigt und weiterführt. Erst die Rationalität schminkt die Arbeit fabrik- und gesellschaftsfähig. Erst sie läßt den Wunsch nach Zusammenschlüssen entstehen, nach Staaten und Bündnissen – den Wunsch nach Macht und Stärke, der immer den Niedergang eines Anderen, eines Gegners bedeutet.
Jeder Baustein der Fabrik muß eingeführt werden, so auch die Arbeits-Zeit. Im Bild des Mittelalters bedeutete ‚labor' noch Bedrückung und Furcht: Fremdheit.

Im Jahr 1355 wird bei Artois ein Turm mit Glocken errichtet. Für die Handelsgeschäfte der ansässigen Kaufleute, für die Arbeiter der dortigen Tuchindustrie, ist eine neue, genauere Zeit notwendig. Und diese Zeit wird zukünftig immer knapp, wenn sie sich mit dem Geld verbindet. Je enger sie diese Verbindung eingeht, um so weniger ist von ihr verfügbar: einer der ersten Kreisläufe beginnt. (Das wird so ahnungsvoll wie unbewußt mit dem Ausspruch umschrieben: ‚Zeit ist Geld'.) Aber wenn die Zeit als Arbeitszeit knapp und teuer wird, gerät sie deswegen nicht besser, angenehmer oder liebenswerter.
Jeder drängt sich schließlich zur Fabrik, um ihre Kräfte auszunutzen – und scheidet entkräftet und ausgelaugt. Jeder möchte ihr Herr sein – und wird doch zum Knecht. Nichts und niemand entläßt die Fabrik mehr, was sie an Gebieten und Menschen einmal erobert hat. Und jede neue Fabrik übernimmt das Vermächtnis der alten, um die Tradition von Macht und Ordnung und Herrschaft fortzuführen.

„Man hat sich gegen ihren Willen zu ihrem Wohltäter, Retter und Vater gemacht ... Sie schlafen in aller Ruhe, und wenn Sie aufwachen, sind Sie ein Schuldner. Sie leben ohne weiteren Bedürfnisse, und plötzlich behauptet jemand, er habe Ihr Vaterland gerettet, habe Ihre Klasse, Ihre Interessen, Ihre Familie, Ihren Herd verteidigt. Und daß Sie ihm dafür einen Lohn schuldeten, Ihre Stimme bei der Wahl oder sonst etwas."

(Michel Serres)

Langsam taucht im nebelhaften, diesigen Schein der sichtbaren Fabrikation eine zunächst noch unsichtbare auf, die den Schleier bedenkenlos und lückenlos auch in den Bereich der so genannten Privatheit hineinwirkt.

MACHT-MITTEL

Vom frühen Mittelalter bis zum heutigen Tag haben sich die Bilder der jeweiligen Herrscher laufend gewandelt, aber stets gab es Machthaber, Statthalter, Verwalter – und stets gab es Dienende und Untertanen. Zur Zeit der Kathedralen schreibt die Kirche vor, daß der Betrachter die geleistete Arbeit und die manifestierte Kunst zu bewundern habe. Das könnte eben-

sogut eine heutige Aufforderung zur Ehrerbietung und zum Gehorsam sein. Ähnliches gehört zum Repertoire derzeitiger Demutsgesten: angesichts von Atomkraftwerk, Großrechner und automatisierter Kriegsmaschinerie.
Die dahinterstehende Macht befindet sich in engem Einklang mit der Normalität und der Pflichterfüllung: mit dem Arbeits-Alltag. Seine Herrschaft ist so verbreitet wie unauffällig. Macht und Glaube paaren sich.
Die Macht tritt nicht einfach gerichtet auf: nicht nur von oben nach unten, oder über alle, oder von unten nach oben. Sie ist nicht nur Linie oder Ebene, sondern einem Raum gleich, der alles in sich erreichen will, immer präziser, immer eiliger, immer treffsicherer; gleichzeitig eine Diktatur von Lächerlichkeiten.

„Der Liebhaber der Macht ist stets ein Schwacher, stets ein Ängstlicher, stets ein Feigling ... Die Schwachen spielen die Komödie der Starken ... Sie umgeben sich mit Blitz, einer Wand von Degen und atomarer Abschreckung. Sie haben viele Lakaien und gehen niemals ohne einen ganzen Trupp Polizisten aus. Sie sind ewig abwesend von den Schlachtfeldern ... Zeus ist durchaus bereit, zu kämpfen, den Blitz in der Faust, wenn niemand sonst über den Blitz verfügt." (Serres)

Über die Verfügung wird Zeus zum Besitzer des Blitzes, der Waffe, der Ware, und damit taucht ein weiteres Macht-Mittel auf, das jedem Teilnehmer Möglichkeiten verspricht: der Blitz, die Waffe, der Besitz sind aufteilbar in kleinste Einheiten.

Besitz stellt eine jener gnadenlosen Strategien dar, die irgendwann stets mit dem Erfolg der Warenwelt enden. Und selbst die Besitzlosigkeit hebt den Wunsch nach ihm nicht auf.
Die Fabrikware strebt nach ihrer Verwendung. Nach kurzer Zeit hat jeder von uns ein so immenses wie armseliges Dasein an Räumen, Dingen und Gerätschaften angesammelt, ein Museum von höchst aktuellen Gefahren, Ängsten und Zwängen, das uns in Einklang mit allen anderen Besitzern zwingt. (Wir wollen doch nur unseren Lebensstandard halten, wimmern schon die ersten angesichts geringster Bedrohungen.)
Jede Steuerzahlung, jede Kontensumme bei den Banken fördert Rüstung, Autobahnen, Flughäfen, Atomkraftwerke, die systematische Ausplünderung ganzer Erdteile. (Und es gibt kein Geschäft im Weltmaßstab, bei dem die deutsche Industrie keine Rolle spielt.)
Der Besitz und seine Folgen führen auf kürzestem Weg zum benachbarten Mittel der Macht: zur Arbeit. Auch sie ist eine Variante der Normalität, ein unmäßiges und grausames Spiel um seiner selbst willen; ein Kreislauf, der längst nicht mehr nur ein physisches Überleben ermöglichen soll.
Unsere Fabrik-Arbeit stellt letztlich in der Hauptsache Vorformen von Müll her, und dazu verbraucht sie Rohstoffe, Umwelt, Energie und – nicht zu vergessen – Menschen. Nach neueren Statistiken erreicht nur ein Drittel aller Arbeitenden das Rentenalter; ein

Drittel stirbt vorher, und ein Drittel scheidet als Frühinvalide. Dennoch oder deshalb verstehen wir unter Leben nur noch Arbeits-Leben.
„Woran arbeiten Sie?“ erwähnt Cioran die so wichtige wie leere Frage menschlichen Zusammenlebens, um sich weiter zu fragen: „Hätte man es gewagt, Pyrrho oder Laotse so zu kommen?“
Die mit Arbeit sind in Not, und die ohne sind es ebenfalls. Alle sind von ihr in Abhängigkeit, und die hat viel mit Abhang zu tun. Dahin führen diverse Hoffnungen: solche auf den Staat, vornehmlich den sozialen, auf Recht und Gerechtigkeit, auf materielle Almosen und soziale Brosamen. Es scheint unmöglich, dem Kreislauf von Arbeit und Staat zu entkommen: beide sind aufmerksame, fürsorgliche Gefängniswärter.

„Die Kartei wuchs ständig ... (Die Gestapo besaß) zwei riesige Karteiräder, die automatisch arbeiteten und nur eine Bedienung durch zwei Personen erforderten. Diese zwei Männer saßen wie vor einem Harmonium und konnten im Nu automatisch die benötigten Karteikarten herausholen ... Obwohl riesige Mengen von Karteikarten in die Trommeln hineingingen, glaube ich doch nicht, daß schließlich das ganze deutsche Volk darin erfaßt war.“ (Adolf Eichmann)

Mit dem Ende des Nationalsozialismus konnte der nächste Staat das Basteln an der Verwaltung seiner Bürger beginnen. Alle Vorgaben wurden ausgenutzt. Das eigentlich Wichtige im historischen Ablauf sind nicht Sterben und Tod, nicht die Kriege, nicht der Untergang von Staaten oder die Zerstörungen: son-

dern das, was bestehen bleibt, was sich erneuert und weiter ausbaut. Und das ist der Großteil.
Wenn man endlich bemerkt, daß eine Macht abtritt, wenn das von ihr hinterlassene Vakuum schon spürbar wird, dann ist schon längst der nächste Platzhalter da: die Machtmittel wechseln, aber sie sind ständig präsent. Oft kämpft man noch gegen die alte, abtretende Macht, während sich eine neue längst schon etabliert hat.
Durch Fenster von gesichtslosen Wänden blickt die Fabrik, ruhig wartend, um sich dann wieder der Verwaltung des Lebens und des Todes zuzuwenden.
Langsam taucht die Frage nach ihren Teilnehmern auf.

DIE EINFÜHRUNG DER IDENTITÄT

„Vorsichtig und zögernd begann kurz vor 1700 die Heranziehung des Volkes zum Kriegsdienst seines Fürsten. Aber ohne Erfolg wurde erstmals ausgesprochen, daß das Land Rekruten stellen müsse ... Bald ging man weiter und legte (1704) zuerst einzelne Klassen von Steuerzahlern, dann (1705) den Gemeinden die Stellung der Ersatzmannschaft auf ... Trotz aller Vorsicht war der Widerstand des Volkes zu erbittert und zu heftig; die neue Einrichtung verfiel ... Erst der eiserne Wille Friedrich Wilhelms I. gewöhnte sein Volk allmählich an diesen Zwang. Seit 1720 wurden Verzeichnisse der kriegspflichtigen Kinder angelegt ... Das Land ward unter die Regimenter verteilt, die Bürger und Bauern wurden – mit gewissen Ausnahmen – für kriegspflichtig erklärt ... Jeder Soldat, der auf der Landstraße ging, mußte einen Paß haben ...“[2]

Die Gewißheit über die bloße Anwesenheit der Bürger genügt keinem Staat. Jede Regierung trachtet danach, diese Anwesenheiten genau feststellen zu können. Fabrik und Staat setzen in einem stetigen historischen Prozeß die Vervollständigung ihres Informationsstandes fort. Die Vollständigkeit ist die umfassendste Form der Verfolgung: man kann ihr durch Bleiben nicht entgehen und auch nicht durch Fliehen.

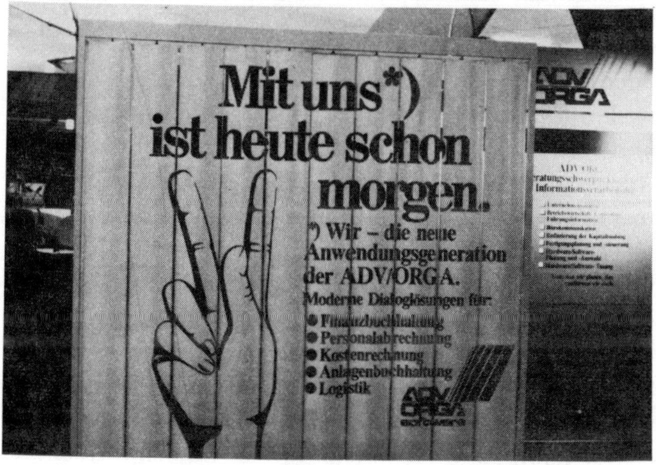

Im Dezember 1981 beschlossen die Bundestagsabgeordneten einstimmig die Paragraphen zur geplanten Volkszählung 1983; wie das offizielle Parlamentsprotokoll verzeichnet, „mit viel Heiterkeit". Im Frühjahr 1983 erhielt das Kölner Statistische Landesamt nach Auskunft seines Leiters „5 000 Radiergummis zur Korrektur nicht stimmiger Angaben". 1984 soll der fälschungssichere, computerlesbare Personalausweis kommen, im Jahr darauf der Europapaß und der europäische Gesundheitspaß. In der DDR wird dann jeder schon seine zwölfstellige Personenkennziffer haben, und in Schweden soll jedes Gebiß demnächst mit einer zehnstelligen Personennummer gestempelt werden, die für alle schwedischen Bürger ohnehin obligatorisch ist.

Dazu eine weitere Meldung aus Schweden, die Lage der Rentner betreffend: 63 % haben keine Kinder oder den Kontakt zu ihnen abgebrochen, 5 % haben weder Verwandte noch Freunde, 13 % leben allein ohne Hilfe, und 5 % verlassen nie ihre Wohnung. Die Antwort der Fabrikgesellschaft besteht im geplanten Installieren von Notrufanlagen, und auch darauf sind die Technokraten stolz.

Uns steht eine einsame Welt bevor. Aber der Datenverarbeitung ist es gleichgültig, ob die Einsamkeit oder die Masse, die Stärke oder die Schwäche, die Schönheit oder die Dummheit in den Registern verzeichnet wird. Gut und Böse, Krieg und Frieden, Herrschende und Beherrschte, der Einzelne und die Bevölkerung: alle werden zur Regelung dieser Welt gebraucht.

„Life is Xerox. You're just a copy", stand auf Berliner Häuserwänden. Die Feststellbarkeit eines Lebens reduziert sich auf elektronische Identitäten: auf strichförmige Fingerabdrücke, auf Speicherbares. Persönliches, Eigenschaften, Unterschriften sind völlig veraltet, sind Fossile vergangener Zeiten, so wie es künftig reales Geld sein wird.

Das ist die Welt der Fabrik, eine Arbeits-, Verwaltungs-, eine Militärgesellschaft, längst seit Jahrzehnten absehbar. Dennoch wird jeder, der ihr nicht mehr Folge leisten will, des Wahnsinns, der Unverantwortlichkeit, der Dummheit bezichtigt. Natürlich entgehen auch die Flüchtenden nicht der Verfolgung. „In den ausgebeulten Taschen sammelst du Papiere für Grenzübertritte, aber die Grenzen wechseln vor deiner Ankunft", schildert Peter Härtling eine Lage ohne Aussicht. Die Fluchtwege sind unklar, und unerreichbar sind die Orte. Überall war die Fabrik schon vorher. Es ist nicht verheißungsvoll, nur die Käfige zu wechseln. Cioran berichtet von einem Maler, der im Süden einen Blinden allein, „mitten im Dunkeln antraf; er mußte ihn einfach bedauern und ihn fragen, ob die Existenz erträglich sei, wenn man das Tageslicht nicht sieht. ‚Sie wissen nicht, was Ihnen entgeht', lautete die Antwort des Blinden.

Hier taucht ein erster Haltepunkt unserer Reise durch die Welt der Fabrik auf.

II Exkurs: DIE WELT ALS ABLEITUNG oder VOM IST-ZUSTAND ZUM SOLL-ZUSTAND

Unsere Gegenwart stellt eine recht lebendige Wunde dar, und ihre Narben geraten immer schrundiger und heil-loser. Die folgende Geschichtsbetrachtung will in die Richtung dieser Wunde weisen: auf die penetrante Vergewaltigung durch Aufbau und Zerstörung, verpflichtet und verdammt zu Produktion und Destruktion.

Wenn man die mathematische Form der Ableitung als gleichzeitige Verarmung und Extremisierung sieht, dann kann man von der abgeleiteten Welt sprechen, von der Welt als Ableitung. Sie wird nachstellbar und nachkonstruierbar. Man kann sie anhand eines mathematischen Bildes darstellen: von einem Unbestimmten zu einem definierten Gebilde, zu einer Gleichung; von einer Kurve zu einer Geraden, von der Geraden zu einem Punkt.[3]

Als Beispiel soll die Geschichte einer brasilianischen Landschaft dienen:

Am Anfang war der Urwald am Rio Paraiba. Dann kam der Kaffee. Die Wälder wurden im 19. Jahrhundert gerodet, niedergebrannt oder in den Lokomotiven verfeuert. Als die Plantagen nichts mehr hergaben, zogen die Kaffeebarone weiter ins Landesinnere. Auf den ausgelaugten Böden, die sie zwischen Rio de Janeiro und Sao Paulo zurückließen, wurden seit den vierziger Jahren die Stahlwerke und Raffinerien der Staatskonzerne errichtet. Jetzt, am 20. Oktober 1982, wurde in den Hügeln bei Resende mit ihrem dünnen Grün eine weiße, steril wirkende Fabrik für Reaktorbrennelemente eingeweiht."[4]

Als letzte kommt derzeit immer die Atom-Industrie. Den Ursprung, gleichermaßen einen historischen Beginn, könnte man mit der Bildung und dem Zustandekommen der Gleichung setzen. Das Gewesene stellt die erste Ableitung dar, das Kommende die zweite. Auch diese Gleichungen sind Kreisläufe. Sie genügen sich und gehen in sich auf. Sie sind der Rahmen, das

Intérieur, der Staat, die Gesellschaft. In ihrem Inneren erfolgen die Vereinfachungen. Das Äußere entfällt zunehmend.

Die Ableitung einer Konstanten ist Null. Das signalisiert den sofortigen Verlust von allem, was sich nicht an die Funktion gebunden hat. Von daher können die Verluste an Unberechenbarem, Ungeplantem, an der sogenannten Natur erklärt werden. Anfangs mögen sie noch vorhanden gewesen sein; nach einem kurzen gesellschaftlichen Prozeß werden sie aufgelöst und bleiben auf der Strecke.

Die erste Ableitung gibt Aussagen über Definitionsbereich und Monotonie. Als zeitliche Existenzdauer maßt sich die Welt der Fabrik selbstverständlich eine unendliche Dauer an: ewiges Leben. Gleichzeitig er-

gibt sich der Wertebereich, und der ist hier Warenbereich.
Die zweite Ableitung läßt Aussagen über Extremwerte und Wendepunkt treffen. Die Welt der Fabrik erschließt sich uns erst, wenn sie alles erschlossen hat, sie läßt über ihre Ergebnisse erst befinden, wenn die Ableitungen erfolgt sind. Aber Geschichte ist irreversibel; man kann nicht wieder in ein früheres Stadium eintreten.
Folgt man dem Bild, ist unser gegenwärtiger Standort sicher nach der ersten Ableitung. Unser Lebensraum ist uns bekannt gemacht, Monotonie und Warenwerte haben sich vorgestellt. Wir stehen mindestens in der Vorstufe der zweiten Ableitung: die Extremata kündigen sich an.
„Jede Stadt bekommt ihre Form von der Wüste, der sie sich entgegenstemmt", schreibt Italo Calvino, und ähnliches kann man auch von unserer Welt sagen, von dem, was uns umgibt, von der Welt der Fabrik, die das sie Umgebende binnen kurzem verwüstet und zerstört.

DER URSPRUNG: DIE BILDUNG DER GLEICHUNG

(Skizziert nach Georges Duby, Die Zeit der Kathedralen. In den angeführten Aussagen über damalige Aus- und Eingrenzungen waren heutige Gesellschaftsformen bereits vollständig angelegt.)
Glaube: „Frömmigkeit wird verstanden als dauernde Wachsamkeit, als

eine Abfolge von Sturmangriffen, Abenteuern und Widerstand gegen heimtückische Angriffe."

Wissenschaft: „Wo man die Vollendung der Geschöpfe beschneidet, beschneidet man die Vollendung Gottes selbst." (Thomas von Aquin)

Ideologie: „Die Inbesitznahme der Welt bedeutete zunächst, sie dem eigenen Gesetz zu unterwerfen."

Hierarchie: „So war der schönste Teil des Innenraums der Kathedralen den Klerikern vorbehalten ... Was das Volk betrifft, so durfte es sich ausschließlich in der Nähe des Eingangs aufhalten, oder aber es wurde auf Emporen oberhalb der Seitenschiffe verwiesen, die zum Hauptschiff herausragten. Es war nur Zuschauer. Es wohnte dem Gottesdienst bei, es nahm nicht daran teil."

Feinde: „Um das Denken der Katharer werden wir nie genau Bescheid wissen. Die Inquisitoren des folgenden Jahrhunderts haben es ausgerottet."

Kriege: „Der schönste Streich gelang den Venezianern: in der Absicht, ihre Handelsprivilegien zu verteidigen, brachten sie es fertig, einen ganzen Kreuzzug von seinem ursprünglichen Ziel abzubringen und ihn im Jahr 1204 zu veranlassen, für sie Byzanz, die Schatzkammer der Welt, einzunehmen."

Tod: „Wenn die Lebenden ihr Grabmal schon vor ihrem Tod errichten ließen, standen sie den Bildhauern gewöhnlich Modell."

Spätere Ableitungen fußen auf diesen Fragmenten: der damalige Glaube entspricht dem heutigen an den Fortschritt. Thomas von Aquin könnte zur Rechtfertigung der Genforschung herangezogen werden. Der Gottesdienst der Kathedralen läßt sich mit heutigen Staatsverhältnissen vergleichen. Damals wurden die Katharer ausgerottet; heute werden tagtäglich Lebensformen ausgemerzt, die nicht akzeptabel, nicht eingliederbar erscheinen. Und wer weiß schon, welcher heutige Krieg mit welcher Absicht geführt wird. Wie die letzten Beispiele (Falkland Islands, Golfkrieg) zeigen, sind es vor allem Übungsmanöver: blutige Tests für neue Waffensysteme.

DAS GEWESENE: DIE ERSTE ABLEITUNG

„Der Mensch melkt die Kuh, läßt den Ochsen für sich arbeiten, macht aus dem Baum ein Dach für sich, sie alle haben entschieden, wer der Parasit ist ... der Mensch (ist) universeller Parasit; alles um ihn herum (ist) Wirtschaftsraum ... Dem Wolf ist die Laus ein Mensch.“ (Serres)

Zunächst langsam, dann immer schneller wird jedem ein Leben ohne Fabrik-Arbeit verunmöglicht und systematisch ausgetrieben. Maschinen treten hinzu, neue Werkzeuge und neue Ketten. Energie und Müdigkeit wachsen.
Die Loire (oder die Rhone, oder der Rhein, oder die Donau) sind zum bloßen Kühlmittelbehälter degradiert. An der Loire wechseln die Sehenswürdigkeiten: Schloß, Atomkraftwerk, Schloß usw. Es soll etwa fünfzig alte Loire-Schlösser geben – Zeugen feudaler Macht; bisher gibt es erst sechs neue Schlösser dort – Zeugen atomarer Macht.
Fortschritt als Addition von Waren, von Verbrauch, von Friedhöfen: Elektrizitätswerke verkaufen Elektrizität, Wasserwerke verkaufen Wasser, Stadtwerke verkaufen Stadt. Umweltwerke gibt es bald, Luftwerke demnächst.
Lebenswerke gibt es schon seit langem.
Auch die Information ist ein Kind der Fabrik und als solches Ware. Sie wird geliefert und ist zugänglich: die

"SERIOUS MOONLIGHT"
CONCERT 1983
Samstag 21 Uhr
21. Mai 83
München
Olympiahalle
21. Mai 83
Technologie »live«
bauma 83
20. Internationale Fachmesse
München
Der Weltmarkt für Baumaschinen und Baustoffmaschinen.
Vom 8. bis 14. April 1983

maschinelle Umformung eines früheren Wissens und ähnlich verkümmert wie die Armseligkeiten, die heute als Erfahrungen angeboten werden.

„Nach dem Vorbild des Volkswagens und des Volksempfänger-Radios bietet ein findiges Unternehmen jetzt den Volkscomputer an ... Der Markt ist theoretisch riesengroß.“[5]

Informationen liefern die Grundlage für Entscheidungen, deren Möglichkeiten und Folgen wiederum von eben diesen Informationen abhängig sind. Entscheidungen erleichtern in jeder Hinsicht. Auch diejenige, eine Atombombe auf Hiroshima abzuwerfen, wird in gewisser Weise Erleichterung und Eindeutigkeit bei den Beteiligten gebracht haben. In der Soziologie wird dieser Prozeß ‚Reduktion von Komplexität' genannt.

„Geht mir weg mit euren Skrupeln“, bat der am Bau der Atombombe beteiligte Physiker Enrico Fermi in den vierziger Jahren, „es ist so schöne Physik“.

Wie Kinder, die ihre kleinen Zerstörungen ungeschehen machen wollen und die Augen bedecken, schließt die Welt der Fabrik die Augen vor ihren großen Zerstörungen und verbeugt sich statt dessen vor ihrer Produktion: neuere Vernichtungswaffen deutscher Herkunft wurden auf die Namen Marder, Gepard, Jaguar, Leopard getauft.[6]

Wir erreichen

DAS KOMMENDE: DIE ZWEITE ABLEITUNG

Italo Calvino beschreibt die Städte und die Toten:

„Es gibt keine Stadt, die mehr dazu neigte als Eusapia, das Leben zu genießen und den Sorgen zu entfliehen. Und damit der Sprung vom Leben zum Tod weniger abrupt sei, haben die Einwohner eine genaue Kopie ihrer Stadt unter der Erde gebaut ... Es heißt, daß man in den beiden Zwillingsstädten unmöglich feststellen kann, wer die Lebenden und wer die Toten sind.“

Die Welt der Fabrik bildet sich immer weiter ab, und sie produziert nur sich selbst weiter – in immer reineren, genuineren Formen: einer Rolltreppe gleich, die immer neue Stufen hervorspeit, aber immer gleiche. (Und am Ende sammelt sich der Unrat.)

Die alte Ökonomie hatte vorgegeben, den Mangel zu verwalten: die EDV verwaltet das Leben. Und kein Bereich ist lächerlich genug, um nicht dieser neuen Spielregel unterzogen zu werden: vom Schachspiel bis zum Sonderangebot, vom Krieg bis zur Rohstoffsuche. Vielleicht wird es nicht einmal tödlich; mit Sicherheit aber wird es langweilig, banal und spießig.

Die Industriewerbung erläutert die Vorteile von Spracherkennungsschaltungen: „in der Küche, um den Herd abzuschalten, im Wohnzimmer, den Fernseher zu bedienen, oder im Auto, um mit beiden Händen am Lenkrad das Autoradio abzustimmen ... (Die Maschine antwortet: „Bayern 3 eingestellt, Fenster 2 offen, Platte 1 heizt.")[7]

Computermessen zeigen eine Mischung aus ökonomischer Rationalität und militärischer Präzision, aus Spieltrieb und Gewalttätigkeit. In den Kindergreis-Gesichtern der Hauptakteure gibt es keine persönliche Geschichte mehr, und in der EDV gibt es keinen gesellschaftlichen Werdegang mehr. Herkunft und Vergangenheit werden verändert und gelöscht: beim Eingeben, beim Speichern, beim Ausdruck. Wir verlieren unsere Geschichte.
Schon lange geht es nicht mehr um einen sogenannten Sinn, um Inhaltliches. Wichtiger wird die Zustimmung, und die wird auf vielen Ebenen eingegeben – im Arbeiten und Freizeiten, im Teilnehmen und Ausschließen, im Kauf und im Müll.

„Mehr noch als an den Dingen, die tagtäglich fabriziert, verkauft, gekauft werden, mißt man Leonias Wohlstand an dem, was tagtäglich weggeworfen wird, um Neuem Platz zu machen." (Calvino)

Im Innenraum und im Außenraum der Welt wird mit Arbeit, Rohstoffen und Waffen gehandelt. Die Kontinente sind längst elektrifiziert und hygienisiert; Fortschritt ist gleichbedeutend geworden mit dem Fortschreiten auf ein Ende, auf Endgültiges. Aber wer weiß, ob alles wirklich nur ein gespenstischer Irrtum der Geschichte war?
Allem Anschein nach läßt es sich mit diesem Wissen leben. Zumindest ist das uns suggerierte Paradies von morgen das am wenigsten nachdenkliche, wohl auch das kürzeste, mit Sicherheit aber das schnellste – was die Geschwindigkeit von Verkehrsmitteln, Rechenzeiten, Waffensystemen und die Entstehung von Müll betrifft.

Calvinos Vision: „die Ausdünstungen, die über den Dächern der Metropolen hängenbleiben, der dunkle Rauch, der sich nicht auflöst, die Dunstglocke aus giftigen Gasen, die auf die Asphaltstraßen drückt. Nicht die flüchtenden Nebel der Erinnerung und auch nicht die trockene Durchsichtigkeit, sondern die Verbrennungsrückstände verbrannter Leben, die über den Städten eine Kruste bilden, den mit lebender, nicht mehr fließender Materie vollgesaugten Schwamm, die Stauungen aus der Vergangenheit Gegenwart Zukunft, Blockierung für die in der Bewegungsillusion verkalkten Existenzen: Das fandest du am Ende der Reise."

Wir sind bei einem weiteren Haltepunkt angelangt. Nunmehr erfolgt die Vorstellung der

III KREISLÄUFE

Michel Serres schreibt über die Zähmung des Huang Ho:

„... schon die Chinesen machten sich zu Herren und Besitzern der Natur. Sie schufen ein Reservoir, aber sie hängten zugleich ein schweres Schwert über ihre Häupter. Zwischen den Deichen lagerte der Huang Ho Woche für Woche Tonnen von Löß ab und stieg. Also erhöhte man die Dämme und Deiche. Und so weiter. Was sollte man anders tun? Das Modell ist großartig – und schreckenerregend. Man baut eine Mauer, und das Wasser hinter der Mauer steigt, also erhöht man die Mauer, und das Wasser hinter der Mauer steigt weiter und verbreitert sich. Die Lösung eines Problems enthüllt zehn weitere Probleme, und so fort ... Sind unsere Wissenschaften, unsere Technologien, unsere westliche Kultur eine Arbeit zu Füßen des Huang Ho?"

Natürlich werden jetzt viele Zeitgenossen heftigst verneinen. Aber kennt nicht jeder *seinen* Huang Ho? Hat nicht jeden einmal das Gefühl beschlichen, daß hier nur etwas aufrecht erhalten wird, um etwas aufrecht

zu erhalten; daß jeder vermeintliche Gewinn nur von kurzer Dauer ist und langfristig eher ein Verlust?
Je glanzvoller eine Gesellschaft ist, umso größer ist auch ihre Blendwirkung – und umso höher der Preis dafür. Je mehr Geld zur Verfügung steht, umso mehr wird auch ausgegeben. Je mehr ein Mensch an Erfolg und Publizität verbuchen kann, umso mehr von diesen Stoffen benötigt er künftig. (Die Kreisläufe haben eine gewisse Drogeneigenschaft.) Umso mehr Antworten gegeben werden können, umso mehr Fragen tauchen auf. Je mehr Möglichkeiten angeboten werden, umso größer ist auch die Zahl der Un-Möglichkeiten.
Diese Struktur macht auch vor dem Goldenen Kalb Ökonomie nicht halt: und wenn nun noch nie etwas herausgekommen wäre bei der Fabrikwirtschaft? Alle erzeugten Waren verlieren in immer kürzerer Zeit allen Wert. Ihr Gebrauchswert geht Hand in Hand mit einem Abfalls- und Mißbrauchswert. Umso glänzender die sichtbare Fabrikation, umso ausgedehnter auch die unsichtbare, die im Schatten, die abwesende Fabrikation: Arbeit und Leiden, Schweiß und Armut, Rohstoff und Müll.
Je mehr die technische Zivilisation aus ihrem müden Gedärm, aus ihrem wehrlosen Inneren holt und verbraucht, verschmutzt, verbrennt, radioaktiviert etc., umso reicher gilt sie vor dem Auge ihrer Geschichte. Aber das Geheimnis des Reichtums ist immer noch im Besitz des Reichtums selbst.
„Je größer die Produktion", schrieb im Jahr 1913 der

deutsche Historiker Werner Sombart, „und je produktiver die Arbeit, desto beträchtlichere Summen erübrigen sich zur weiteren Vermehrung der Produktionsmittel."

Der Beginn liegt bei den

HISTORISCHEN KREISLÄUFEN

Am Anfang der Fabrik wurden die Kohlen in Säcken und auf Pferderücken zu den Schmelzöfen gebracht. Die erste befestigte Straße in England diente dem Kohle- und Eisentransport.
Mit zunehmendem Eisenkonsum wird mehr Kohle gebraucht. Dafür sind tiefere Bergwerksschächte notwendig. Dies erfordert weitere Pumpen und Dampfmaschinen, um die Schächte zu entwässern. Zu deren Herstellung und Betrieb brauchte man wiederum mehr Kohle und Eisen, noch tiefere Schächte, wiederum mehr Dampfmaschinen für Pumpen und Transporte. 1798 wurde die erste Gasbeleuchtung in Fabriken installiert. Konsequenterweise wurde die erste Dampflokomotive im Jahr 1804 bei den Pen y Darran-Eisenwerken in Südwales eingesetzt.
Der Schienenbedarf der Eisenbahnen und die Fahrzeuge selbst stellten im 19. Jahrhundert für Europa und Nordamerika auf Jahrzehnte hinaus das wichtigste Geschäft der Eisenindustrie dar. Je mehr Möglichkeiten zum Transportieren gegeben sind, umso mehr

werden davon auch benötigt. Sombart bemerkt dazu: „Die Eisenbahn hat sich selbst erbaut."
Im Jahr 1878 entwickelte Otto die erste betriebsfähige Gasmaschine, die in Hüttenwerken zum Einsatz kam. Um 1900 gehen die Fabriken zum elektrischen Antrieb und zu elektrischer Beleuchtung über. Der Ausschlag des Pendels wird immer größer, bis er die Dimension von Atombombe und Atomkraftwerk erreicht; irgendwann wird die Welt wirklich aus den Angeln zu heben sein.

Wir sind beim Heute angelangt:

ZEITGEMÄSSE KREISLÄUFE

„Der Motor sollte die Mühsal der Menschen beseitigen. In Wirklichkeit ist er nur das Ersatzobjekt der Arbeit gewesen. Wie lange und wo wäre er ein Werkzeug gewesen? Man kann es sagen: hier und da, bei mancherlei Gelegenheit. Aber wir werden letztendlich ebensoviel oder mehr an den Motoren gearbeitet haben, als mit ihrer Hilfe. Sie haben uns nur verschoben, das ist alles.“ (Serres)

Die trojanische Fabrik hat ihre Lektion gelernt: sie schleicht sich mit Versprechungen ein und läßt uns mit Enttäuschungen zurück. Die anfänglichen Hoffnungen weichen dann endgültigen Zerstörungen. Als klassisches Beispiel hierfür kann der Assuan-Staudamm gelten, dessen Geschichte nun etwas ausführlicher aufgezeigt wird.[8]

ASSUAN-STAUDAMM — Ziele und Ergebnisse

– Jedes Jahr sollten 7,5 Mrd. m^3 Wasser für agrarische Zwecke gewonnen werden.

Durch jährlich 100 Mill. m^3 Sedimentablagerungen verflacht der Stausee, und die Wasserfläche dehnt sich aus. Durch Verdunstung gehen mehr als 10 Mrd. m^3 verloren.

– Die Kulturfläche sollte um 5 460 qkm ausgedehnt werden, was einem Viertel der damaligen Agrarfläche entsprach.

Jetzt sind die äußeren Ränder des Niltales durch den Wüstensand bedroht. (Dieser Sand wurde vorher weggespült.) Die einsetzende Desertation bringt einen jährlichen Verlust von 8 % der ägyptischen Anbaufläche.

– 3 000 qkm Anbaufläche sollten auf Dauerbewässerung umgestellt werden.

Früher lagerte sich bei jeder Nilüberschwemmung eine zehn Zentimeter dicke Schicht aus fruchtbarem Schlamm ab. Jetzt hat sich durch die Dauerbewässerung ein Anstieg des Grundwasserspiegels ergeben, der zur Versalzung und Vernässung der Böden führt, die inzwischen von einer Salzkruste bedeckt sind.

– Das Land sollte vor Überschwemmungen geschützt werden.

Das ist eingetreten. Der Stausee wird aber durch die Ablagerungen früher voll als erwartet. Außerdem fließt das Wasser jetzt schneller; es ist sauberer geworden, aber unfruchtbarer und härter.

– Die Ertragsfähigkeit des Bodens sollte gesteigert werden.

Jetzt gehen 130 Mill. Tonnen fruchtbarer Schlamm verloren. Der Verbrauch von Handelsdünger, der im übrigen die Versalzung der Böden noch beschleunigt, stieg von 1968 bis 1981 um 133 %. Ägypten ist einer der größten Kunstdünger-Importeure der Welt geworden.

– 10 Mrd. Kilowattstunden Strom sollten jährlich erzeugt werden.

Gegenwärtig sind es 2 Mrd. kWh. Abzuziehen wäre der Bedarf für den Bau, für den Betrieb, für die Pumpen, der für Erzeugung und Transport des Kunstdüngers nötigen Energie usw.

Weitere Folgen:

Nach dem Dammbau hat eine katastrophale Rattenplage eingesetzt. Vor dem Dammbau gab es durch die Schwankungen des Wasserstandes kein Rattenproblem.

Die Bilharziosebekämpfung wurde durch den Damm sehr erschwert. Vorher war der Infektionskreislauf durch die saisonale Austrocknung der Bewässerungskanäle zumindest zeitweise unterbrochen.

120 000 Nubier, deren Volk seit siebentausend Jahren dort siedelte, verloren durch den Stausee Heimat und Kultur.

Das höhere Wasserangebot führte auch zu einem höheren Wasserverbrauch, weil die Fellachen nicht mehr sparsam damit umgehen.

Die Ziegelherstellung, die früher als Grundstoff Nilschlamm verwendete, ist sehr beeinträchtigt; zum Teil wird jetzt der fruchtbare Ackerboden verwendet.

An der Nilmündung kommen Schlamm und Schwebstoffe nicht mehr an. Dadurch bleiben die Heringsschwärme aus, und der Fischfang geht zurück. Die meisten Fischer haben ihre Existenz verloren und gehen jetzt in der neuen Kunstdüngerfabrik von Aboukir zur Arbeit.

Die dringendsten derzeitigen Maßnahmen sind neue Drainagesysteme, die Verstärkung von Fundamenten, der Bau von Überlaufkanälen usw. 240 km südlich von Assuan wird ein solcher Kanal gebaut – ohne daß die dadurch auftretenden Folgen untersucht wurden. 1985 wird der Jonglei-Kanal fertiggestellt. Diese 400 km lange Entwässerungsrinne soll ein Drittel des Nil-Wassers aufnehmen, um den Grundwasserspiegel wieder zu senken.
Als Fazit wird der langfristig größte Nutzen im schrittweisen Abtragen des Assuan-Staudammes und im Wiederherstellen des alten Zustandes gesehen.

Man könnte natürlich sagen, daß der damalige Fehler ein alter ist, der heute sicherlich nicht mehr begangen würde. Aber es gibt genügend Beispiele für Heutiges, und sie werden immer mehr. So hat im Jahr 1982 ein deutsches Konsortium von der irakischen Regierung den Auftrag erhalten, den Tigris bei Mosul zu stauen. Die Firmen teilen stolz mit, daß ein 3 Kilometer langer und 100 Meter hoher Damm errichtet wird. 34 Mio. m^3 Schuttmasse – vermutlich ist die vorherige Landschaft damit gemeint –, müssen bewegt und 2 Mio. m^3 Beton und Stahl verbaut werden. Der Tigris-Damm soll in erster Linie zum Schutz gegen Hochwasser und zur Bewässerung des Landes dienen ...

ITAIPU

Ein Musterland für das Aufzeigen industrieller Kreislaufprozesse ist Brasilien. In einem Land, wo im Jahr 1983 eine Viertel Million Menschen verhungerten, stellen multinationale Konzerne Alkohol-Automobile her, deren Spritproduktion mehrere hunderttausend Hektar landwirtschaftlichen Grund beansprucht.

Auf den besten Böden werden Spargel, Erdbeeren und andere exklusive Gemüsesorten angebaut, die dann nach Amerika und Europa verfrachtet werden, während Bohnen, das brasilianische Volksnahrungsmittel, aus Mexiko eingeführt werden müssen. Uran- und Atomreaktorgeschäfte waren Mitverursacher für 93 Mrd. Dollar Staatsverschuldung zum Jahresende 1983.

Auch Brasilien hat einen Staudamm zu bieten: Itaipu.

14 Mrd. Dollar investierte das Land in einen 170 Kilometer langen Stausee. Auf einer Fläche von 1 460 Quadratkilometer hat man die ansässige Bevölkerung vertrieben. Der ganze Flußlauf wurde verändert, was auch das Ende der berühmten Wasserfälle bedeutete, und riesige Waldflächen wurden überschwemmt. 11,8 Mrd. m^3 Beton wurden verbaut. Den Auftrag teilten sich multinationale Konzerne auf; deutsche Unternehmen waren federführend.

12 600 Megawatt soll die Stromproduktion betragen. Das grundsätzliche Problem ist allerdings, daß überhaupt kein Bedarf für diese Elektrizitätsmenge besteht. Der damalige brasilianische Zentralbankdirektor schlug bei Baubeginn vor, Itaipu als Projekt in der Schublade verschwinden zu lassen, da bereits ein Überfluß an Elektrizität vorhanden war. Nun ist das Werk vollendet. Was plant die Fabrikwelt? Man wird energieintensive Aluminiumhütten in die Nähe setzen, den Rest Urwald roden und nach Kohlen und Eisenerzen durchwühlen, um eine Stahlindustrie aufzubauen usw. Die Industrie schafft sich ihre Wirklichkeit, und sie wird ihren Weg bis zum bitteren Ende gehen. Manches Land übersteht eine solche Entwicklungs-Hilfe nicht.

Und nachdem mit Itaipu der zweitgrößte Fluß Südamerikas in den Griff genommen worden ist, gehen die Planungen weiter: der größte Fluß, der Amazonas, ist vom Staatskonzern Elektrobras in die Stromgewinnung zum Ende dieses Jahrhunderts einbezogen.

Ein weiteres brasilianisches Projekt, der Damm von Tucurui, wird 1984 fertig. 2 000 Quadratkilometer Wald werden überflutet. Die Bäume bleiben stehen; den Planern sind die Rodungsflächen bei solchen Projekten zu groß. Durch die Faulprozesse ändert sich die Wasserqualität, wodurch ideale Bedingungen für Malaria- und Bilharzioseüberträger entstehen. Außerdem wuchern spezielle Wasserpflanzen ungemein. Deshalb will man die Wälder vor dem Überfluten entlauben – mit 2,4-D, einem Mittel, das noch aus dem Vietnam-Krieg bekannt und berüchtigt ist.

„Jeder Mark, die 1980 für Entwicklungshilfe ausgegeben wurde, stand eine Nachfrage nach deutschen Gütern und Dienstleistungen für Hilfsprojekte von DM 1,25 gegenüber.“[9]

In Mexiko, dem mit 83 Mrd. Dollar am zweithöchsten verschuldeten Land, fanden 1 500 Mexikaner einen Arbeitsplatz auf den Ölfeldern an der Küste von Tabasco. Gleichzeitig wurde durch die Ölförderung die Existenzgrundlage von 2 000 Fischern zerstört. Entwicklungsländer werden immer in die eine Richtung entwickelt: hinein in die Industrie, von der sie dann abhängig und am Leben gehalten werden wie der Süchtige von der Droge.[10]

„Natura“ – dieser alte Begriff bedeutete: „das aus sich heraus Gewordene“. Die Welt der Fabrik führt einen ständigen Kampf gegen dieses Gewordene und Gewachsene; gegen alles, was nicht ihrem Reißbrett, ihrer Konstruktion und ihrer Herstellung entsprungen ist.

Auch hier in Deutschland gibt es noch genügend zu tun. Wir haben unsere eigenen Baustellen. Eine davon ist, seit Jahrzehnten, der

RHEIN-MAIN-DONAU-KANAL

Sein Vorgänger, der Ludwig-Kanal, wies ähnliche Begleiterscheinungen wie der heutige Bau auf: die Anstrengungen waren ungeheuer, die Bodenpreise stiegen enorm, die Gesamtkosten wurden um 100 % übertroffen. Schließlich wurde er an Anglervereine verpachtet, und diese Einnahmen zusammen mit der Pacht für die am Ufer stehenden Obstbäume waren höher als die Einnahmen aus den Kanalgebühren. Man hatte die Dimension des Bauwerkes auf einen Regelkahn konzipiert, der schon bald wieder zu klein war, und man hatte die Entwicklung der Eisenbahn übersehen. Und nun baut man einen neuen Kanal.
„Für eine Autobahn des Führers ist keine Landschaft zu schade", sagte im Jahr 1938 der Generalbevollmächtigte für das deutsche Straßen-, Wasser- und Energiewesen, Fritz Todt. Im Jahr 1982 postuliert die Rhein-Main-Donau-AG, „daß durch den Kanalbau weder das Altmühltal noch irgendeine andere Strecke zerstört wird ..."[11] Das nimmt sich gegen die vorige Aussage bescheiden aus. Vielleicht versteht man heute unter dem Begriff ‚Zerstörung' schon die nächstgrößere Dimension.
In der Welt der Fabrik begründen sich technische Bau-

werke durch den Nutzen für sich und für andere technische Bauwerke. „Die Zuleitung von Wasser aus dem Donau-Altmühl-Gebiet ist unabdingbare Voraussetzung für die weitere industrielle Entwicklung, besonders für den energiewirtschaftlich notwendigen Bau weiterer Kraftwerke an Pegnitz und Main", ließ die Rhein-Main-Donau-AG jeden Bundestagsabgeordneten wissen. Und außerdem „werde der wirkliche Nutzen der Main-Donau-Verbindung erst dann zutage treten, wenn die Verbindung zwischen Main und Donau fertig sei".[12]

Nach den Verträgen soll sich die Wasserstraße durch den Betrieb von Elektrizitätswerken selbst finanzieren. Derzeit reichen die Erlöse nicht einmal für die Kreditzinsen. Außerdem erfordern auch hier der Bau und die Betriebseinrichtungen wie Schleusen und Pumpen einen enormen Energieaufwand. Zwischen Mainz und Passau überwindet der Kanal einen Höhenunterschied von 324 Metern. Allein um den Fränkischen Jura zu durchqueren, muß jedes Schiff über zehn Schleusen erst 103 Meter gehoben und dann 63 Meter gesenkt werden.

Durch die Zerstörung des natürlichen Flußlaufes tritt ein weiterer, fast tragikomischer Effekt ein: ab Dietfurt wird der Kanal als Stillwasserkanal geführt. Im Winter wird dann ein ganzes Kraftwerk benötigt, um ihn soweit aufzuheizen, daß er nicht vereist.

Damit sind wir beim Kreislauf

ENERGIE

In einem Bericht über Mittelamerika schreibt Peter Sartorius:

„Viele Saguala-Kakteen (sind) verkrüppelt, verwundet, dem Tod geweiht. Diese mächtigen, stolzen Pflanzen haben etwas Selbstmörderisches an sich und eine Gier, die menschenähnlich ist. Mit ihrem Netzwerk an Wurzeln saugen sie auch noch den letzten Tropfen Feuchtigkeit aus dem trockenen Boden und speichern das Wasser in ihren Körpern, bis sie an ihrem eigenen Gewicht zugrunde gehen. Dann sinken die Arme erschöpft nach unten, und der ganze Baum fällt, buchstäblich, aus der Balance."[13]

Hundert Gebäude wie das Hochhaus der Hypo-Bank in München verbrauchen die Energie, die von einem Atomkraftwerk erzeugt wird. Irgendwer muß diese Energie schließlich verbrauchen.
Ein Viertel der von einem Atomkraftwerk bestenfalls erzeugten Energie wird zu seiner Herstellung benötigt. Die durchschnittliche Betriebsdauer beträgt gerade zehn Jahre. Dann kommt der – ebenfalls energieaufwendige – Abbruch, für den das Freiburger Öko-Institut etwa 50 % der Investitionskosten ansetzt; das Deutsche Atomforum geht immerhin noch von mindestens 15 % aus. So könnte man meinen, daß die Verbrauchssteigerungen im Energiesektor in den siebziger Jahren nur durch den Bau neuer Atomkraftwerke entstanden sind, wobei die offizielle Begründung

für deren Bau in eben dieser Verbrauchssteigerung lag. Ein weiterer Kreislauf.
Die erste deutsche Atomruine steht bei Landshut. 1966 begann der Projektleiter, Ingenieur G. seine dortige Arbeit. Damals war er 45 Jahre alt. Als der Reaktor zum ersten Mal mit Brennstäben beschickt wurde, war er 51. Mit 59 erlebte er den Beginn der Abbau-Phase. Am sichtbaren Ende vom Atomkraftwerk Niederaichbach wird er vermutlich pensioniert. Auch eine Karriere.
Vom Ergebnis her betrachtet ist es fast, als hätte er die letzten zwei Jahrzehnte nicht gelebt: wären da nicht die Anstrengungen, die Rohstoffe, die Radioaktivität, die Sicherheitsbestimmungen und Auflagen und Pläne, die bezahlte Polizei und die unbezahlten Atomkraftgegner, der Baumüll und der Atom-Müll. Das beinhaltet keine Kalkulation und keine Bilanz.
Zum Abriß stellt das bayerische Umweltministerium lapidar fest: „Der Abbruch des Kernkraftwerkes Niederaichbach ist eine ingenieurstechnische Aufgabe erster Größe.“[14] Bei der erwähnten Kurzlebigkeit der Atomkraftwerke wird es in den nächsten Jahren wohl noch genügend Gelegenheit zum Üben geben.
Zur Größenordnung dieser ‚Müllabfuhr‘: beim Bau des französischen Schnellen Brüters, dem ‚Super-Phénix‘, wurden unter anderem benötigt: 7 000 Tonnen Edelstahl, 25 000 Tonnen Baustahl und einige hunderttausend Tonnen Beton. Wenn die Rede auf den Schnellen Brüter kommt, verweist die deutsche Atom-

industrie neidvoll auf das französische Atomprogramm und verschweigt dabei, daß die Electricité de France gegenwärtig mit über 50 Mrd. DM verschuldet ist. Diese Schulden entstanden hauptsächlich durch den Bau der Atomkraftwerke. Die Kreisläufe scheinen keiner ökonomischen Rentabilitätsforderung mehr zu unterliegen.

Bis zum Jahr 2000 werden 15 000 Tonnen abgebrannter Brennstäbe zu verarbeiten sein, deren Strahlung zehntausend Jahre anhält. Das ist dann nicht mehr unser Problem. Rückwärts gerechnet liegt dieser Zeitpunkt weit vor der Pharaonen-Kultur.

Neuerdings wird die Tiefsee als Lagerplatz entdeckt – für Behälter, die so konstruiert sein sollen, daß sie möglichst tausend Jahre lang den Atommüll einschließen (da wären wir dann beim Baubeginn des romanischen Domes zu Mainz). Diese Fässer also sollen auf den riesigen Flächen des sogenannten „ereignislosen“ Tiefseebodens lagern. Die Welt der Fabrik ist ständig auf der Suche nach neuen Lagerplätzen für ihre gefährlichen Hinterlassenschaften.[15]

Bezüglich der Endlagerung bemerkte der Vorstandsvorsitzende der ‚Deutschen Gesellschaft zur Wiederaufbereitung von Kernbrennstoffen‘: „Wir haben doch im Krieg gelernt, wie schnell man Trümmer wegräumt.“[16]

Alte Staatsmänner bestimmen eine politische Zukunft, die sie nicht mehr erleben werden; alte Wirtschaftsführer bestimmen eine technische Zukunft, die sie nicht mehr erleben werden. In diesem Zusammenhang gibt der Physiker Weizenbaum zu bedenken, „daß ein Volk, das ein Wort wie ‚Entsorgungspark' hinunterschlucken kann, schon fast verloren ist".

Energiekreisläufe sind vielfältigster Art. Man kann sie an allen Orten und in allen Bereichen antreffen. In Südafrika zum Beispiel herrschte im Frühjahr 1983 eine extreme Trockenheit. Deshalb wurde der Fluß Vaal über eine Länge von 200 Kilometern über acht Pumpstationen umgedreht und bergauf gepumpt, damit die höhergelegenen Großkraftwerke genug Wasser für die Stromerzeugung hatten, mit der wiederum der Flußlauf umgepolt werden konnte.

Bei Braunschweig sollte Ölschiefer abgebaut und ein 325-Megawatt-Kraftwerksblock errichtet werden, der mit Brennstoff aus dem Ölschiefer arbeiten und die für den Abbau nötige Energie liefern sollte. Niemand weiß, ob überhaupt ein Energieüberschuß entstanden wäre; das einzig Sichere wäre die völlige Zerstörung eines großen Naturschutzgebietes gewesen. Dieses Projekt ruht derzeit.

Die zehn kanadischen Ölschieferminen benötigten im Betriebsjahr 1981 eine Unterhaltsleistung von 1 300 Megawatt. Jede Mine hinterläßt einen Dünnsäuresee von fünf Kilometer Durchmesser, und jedes Jahr werden eine halbe Million Tonnen Schwefeldioxyd in die Luft geblasen, die als Säurewolken über allen Erdteilen abregnen. Ob nach der Ausbeutung der Minen überhaupt ein einziges Watt übrigbleibt, wird niemand zu sagen vermögen: auch solche Rechnungen werden wohlweislich nie angestellt. Aber immerhin haben zwanzigtausend Menschen einen sogenannten Arbeitsplatz gefunden: für fünf Jahre Dreckarbeit in eisiger Kälte und für Jahrzehnte eine völlig zerstörte Landschaft.[17]

Dieses Stichwort führt uns zum Kreislauf

LANDWIRTSCHAFT

Mit einem wahnsinnigen Aufwand an Arbeit, Energie und Kosten wird das Agrarland gedüngt. Der Boden wird dadurch aber nicht fruchtbarer, im Gegenteil: er verliert organische Substanzen und Humus, und er verliert die Fähigkeit, Feuchtigkeit zu speichern. Trotzdem läuft die Düngemittelproduktion nach wie vor auf Hochtouren. Eineinhalb Millionen Tonnen Stickstoffdünger waren es im Düngejahr 1979/80. Die Handelsdüngerproduktion benötigte mehr Energie, als alle deutschen Atomkraftwerke zusammen erzeugten.[18]

Ein Viertel der Bundesrepublik wird regelmäßig mit Pflanzenschutzmitteln vergiftet. Der intensive Getreidebau fördert Pilzerkrankungen. Dagegen spritzt man Fungizide. Durch die hohe Stickstoffabgabe legt sich der Weizen leicht, also setzt man ‚Halmverkürzer' ein. Das verstärkt wiederum Ährenkrankheiten. Über die intensive Stickstoffdüngung vermehren sich die Blattläuse, wogegen man Insektizide spritzt, die wiederum auch die blattlausvertilgenden Insekten töten: die Blattläuse vermehren sich weiter. (In Südtirol mußte der Birnenanbau aufgegeben werden, weil der Birnblattsauger resistent wurde: Kreisläufe.)

Die sogenannten ‚Hochleistungsmilchkühe' sind auch hochgradig anfällig. Die Milchleistung steigt um ein

Drittel, und die Zahl der Abgänge bei Geburten steigt um ein Drittel. Der Kraftfuttereinsatz soll die Milchleistung erhöhen, gleichzeitig nimmt mit seinem Einsatz die Fruchtbarkeit ab. Zehn Prozent der Kälber sterben innerhalb der ersten zehn Tage. Und auch die Fabriktiere sind steckdosenabhängig geworden: für jede Kuh werden inzwischen jährlich 600, für jede Zuchtsau 500 Kilowattstunden eingesetzt.

*

Es ist schwergefallen, aus dem Vorliegenden eine Auswahl zu treffen. Der gesamte Bereich Verkehr zeigt idealtypisch die Sinnlosigkeit heutiger Fortbewegung; ebenso lassen sich für den ganzen sozialen[19] und medizinischen Bereich ähnliche Kreisläufe anführen: Arbeit – Geld – Medikament – Leben – Arbeit ...

In Deutschland werden von medizinischen Institutionen jährlich 400 Millionen Rezepte ausgestellt. Zehn Millionen Bundesbürger nehmen täglich Medikamente, drei Millionen nehmen jeden Tag Beruhigungs- und Schlafmittel. Auf 1 000 Menschen in diesem Land kommen täglich 250 Portionen Tranquilizer.

Krankenhäuser wie das Aachener Großklinikum erreichen die Ausmaße von Atomkraftwerken. (Vermutlich ist diese Größe inzwischen Norm und Standard geworden für die Gebäude in der Welt der Fabrik: Schulen, Fabriken, Wohnblocks, Kraftwerke, Krankenhäuser, Museen, Gefängnisse ...) Krankenhäuser machen erwiesenermaßen krank. Krebsbekämpfende Zytostatika können Krebs auslösen, ebenso wie Bestrahlungen, die der Krebsbekämpfung dienen sollen. Die Liste ist endlos.

Wirkungsschwerpunkte der Psychopharmaka

Vereinfachter Überblick

Zielsymptome	Antidepressiva	Neuroleptika	Tranquilizer
Angst	▼■	■	■
Hemmung	■	■	■
Passivität	▼■	■	■
Dysphorie	■	■	■
Agitation	▼■	■	■
Reine Traurigkeit	■	■	■
Vitale Traurigkeit	■	■	
Hypochondrie	■	■	■
Depressiver Wahn	■	■	
Hypochondrischer Wahn	■	■	
Kontaktangst	■	■	■

Legende:
■ Wirkung sicher ■ Besserung ■ Gesicherte Einzelfälle ▼ Mögliche Verschlechterung

Von diesem Bereich, der Gesundheitswesen genannt wird, kommen wir zum

KRIEGSWESEN

Hier zeigt sich der vollendete Kreislauf, die klarste Entsprechung von Arbeit und Vernichtung. 600 Mrd. Dollar wurden 1981 dafür ausgegeben. Im Jahr 1985

wird allein der Aufwand für Militär-Forschung in den USA 32 Mrd. Dollar betragen.[20] Nach einem Bericht des amerikanischen Kongresses bezahlt das Verteidigungsministerium bereits die Gehälter von einem Drittel aller amerikanischen Wissenschaftler. (Dafür fürchten sich nach einer Gallup-Umfrage 45 % der Amerikaner, abends allein aus dem Haus zu gehen.)
Je sicherer die Militärs in Ost und West die Welt gestalten, umso mehr Anlaß zur Angst ist gegeben: auch vor den Leuten, die einen Krieg nur als eine etwas größere Baustelle sehen. Mit allen Mitteln von Wissenschaft und Militärapparatur ist das, was einmal mit Sicherheit bezeichnet wurde, völlig verschwunden.
Wir gelangen zum Bereich

SICHERHEIT UND KATASTROPHEN

Katastrophen sind nachhaltige Widmungen an die Zeit. Die meisten sind von langer Hand vorbereitet worden und haben neben vielen anderen Auswirkungen den Effekt, das grausame Alltagsgeschehen zu überstrahlen. Wenn sich die Gefahren, die uns so überaus bequem eingerichtet wurden, erfolgreich in den Alltag eingebürgert haben, dann sind sie anscheinend nicht mehr existent. Und wenn man sich an sie gewöhnt hat, ist es bereits zu spät.
Sicherheit und Katastrophe bedingen sich wie Licht und Schatten: Schutzstaffel, Schutzhaft, Schutzraum; Pflanzenschutz, Krankenschutz, Datenschutz, Zivil-

schutz, Katastrophenschutz ...[21]
Materielles ist die Sicherheit der Bank, Kraft ist die Sicherheit der Arbeit, Daten sind die Sicherheit der Wissenschaft und des Krieges, Information ist die Sicherheit der Verwaltung, Identität der Bürger ist die Sicherheit der Staatsorgane; Reform ist die Sicherheit der Macht. Je klarer zu erkennen ist, daß eine Zukunft mit großen Hindernissen zu kämpfen hat, umso größer wird augenscheinlich das Potential, das eben diesen Hindernissen zur Verfügung gestellt wird.

„Die Jagd ist unhaltbar. Ich bin noch nie auf eine Menschengruppe gestoßen, die nicht bis ans Ende ginge, die ihre Praktiken nicht bis zum Äußersten triebe. Die Entvölkerung des Reviers erfolgt unverzüglich, brutal und schlagartig." (Serres)

Die Welt der Fabrik hat ihr Revier besetzt und umgewandelt. Je größer ihr Siechtum wird, umso unbekümmerter, lauter, genauer, schneller geschieht die Entvölkerung. Ab-Fall, Ab-Raum, Ab-Wasser, Ab-Luft, Ab-Leben, Ab-Sterben.
Dazu der Leiter einer BASF-Versuchsstation:

„Im Laufe der Erdgeschichte sind Tausende von Arten ausgestorben. Woher leiten wir das Recht ab, die Evolution gerade heute zu stoppen oder den Floren- und Faunenstatus von vor 50 Jahren als Ideal und konservierenswert zu bezeichnen?"[22]

Das liest sich dann im Wirtschaftsteil folgendermaßen:

„KALI + SALZ finden derzeit besonderes Interesse an den Aktienbörsen ... (Es) wird darauf spekuliert, daß schon bald wegen des akuten Waldsterbens die Wälder im großen Stil gedüngt werden."[23]

Das Waldsterben wächst, die Kaliproduktion wächst, der Energieverbrauch wächst, die Luftverschmutzung wächst, das Waldsterben wächst: Wachstum. Irgendwann wird sicher ein multinationales Unternehmen in der Sarg- und Urnenbranche reussieren.

Natürlich könnte man sagen: es ist noch nichts spürbar. Alles funktioniert noch. Keine Ordnung ist zerstört, und das Leben ist noch nicht tot. Kurz vor dem Aufschlag ist die Geschwindigkeit des Fallenden am größten und er selbst noch sichtlich unbeschadet.

„Bruchlose Katastrophen sind selten", sagt Cioran. „Nicht jedermann war es gegeben, die Sintflut aus der Nähe zu betrachten."

Das eigentlich Fatale dieser zukünftigen Welt ist vermutlich die ungeheure Langeweile, die sie ihren Mitgliedern bereitet. Die Gefahr ist zum einzig Aufregenden geworden. Fast könnte man meinen, die Katastrophe ersetzt die Revolution, und sie gewinnt mehr und mehr Anhänger.

Aber das Ende ist immer auch eine Definition, und von denen gibt es viele. Der Indianerstamm der Hopi sieht es gekommen, wenn ein kirchturmhoher Stein, der seit Jahrtausenden auf einer Felskante ruht, in den Abgrund fällt. Dann wird, nach dem Glauben der Hopi, die vierte Welt zugrunde gehen. Die erste Welt endete durch Wasser, die zweite durch Kälte, und die dritte Welt wurde durch den Wind vernichtet.

Es erhebt sich die Frage, was auf *uns* niedergehen wird.

IV FOLGERUNGEN

Alles, was die technisch orientierte Menschheit unternimmt, wendet sich letztendlich gegen sie selbst. Dieser Gedanke von Cioran stand am Anfang.

Mit wieviel Konzentration und Anstrengung, Disziplin und Fleiß, mit wieviel Arbeit und Besessenheit haben wir Unternehmungen angefangen und fortgeführt, die sich bislang noch stets gegen uns gewandt haben oder es zumindest gerade beginnen.

Es gibt kaum etwas Lächerlicheres, etwas Unsinnigeres, aber auch kaum etwas Bestechenderes als ein Auto ohne Treibstoff, ein Düsenflugzeug ohne Kersosin, ein Atomkraftwerk ohne Uran. Wie würde wohl eine Welt aussehen, in der die Untätigkeit und die Mühelosigkeit dominieren? Stets gab es mehr als nur das eine Angebot Steinzeit versus Atomzeit. Deren Durchsetzungsvermögen war nur am größten.[24]

Andernteils ist Geschichte – für sich betrachtet – so trost-los, daß darin auch schon eine Strategie der Entmutigung liegen könnte. Mit dem Leiden an der Gesellschaft hätte man problemlos die letzten Jahrhunderte verbringen können, und das wird vermutlich auch demnächst der Fall sein.

Ist der Gedanke wirklich traurig oder nicht eher komisch, sich vorzustellen, wie die großen Nationen irgendwann um ein Quantum Zukunft betteln müssen: um ein bißchen Öl und Strom, um etwas Luft und Wasser, um ein wenig Wärme und Essen. Nach der

Welt der Fabrik wird vermutlich die Welt der Bittsteller kommen.
Man könnte sich aber auch vorstellen, daß es Besitz gibt, den niemand besitzen will. Daß es Geld gibt, das niemand haben mag. Autos, die niemand fährt. Informationen, die keine Augen und Ohren finden. Arbeit, die keiner tut. Dann werden die Kreisläufe nicht mehr geschlossen. Die Welt wird offen, und die Fabrik muß enden.

In einem Gespräch mit dem afrikanischen Dorfoberhaupt Ahoussi, König von Alangouan, stellt der Ethnologe Paul Parin die Frage: „Wenn das Volk mit seinem König nicht mehr zufrieden ist, ihn nicht mehr will: kann man ihn dann absetzen?"
Ahoussi antwortet: „Das eigentlich nicht. Es geht nie-

mand mehr an seinen Hof. Dort sitzt er allein. Ein König, zu dem niemand mehr geht. Was kann er tun? Er ist kein König mehr!“[25]

ANMERKUNGEN

Zitierte Literatur:

E. M. Cioran	Absturz in die Zeit (1972), Vom Nachteil, geboren zu sein (1977), Lehre vom Zerfall (1978), Gevierteilt (1982)
Italo Calvino	Die unsichtbaren Städte (1977)
Georges Duby	Die Zeit der Kathedralen (1980)
Michel Serres	Der Parasit (1981)

1 Süddeutsche Zeitung (SZ), 16.6.1983

2 Gustav Freytag, Bilder aus der deutschen Vergangenheit (1978), Band 3, S. 250 ff.

3 Das Bild aus der Mathematik ist in seinen Parallelen zur gesellschaftlichen Entwicklung und Verarmung so verführerisch, daß dieser Exkurs gewagt wird.

4 SZ, 22.10.1982

5 SZ, 23.10.1981

6 Die Bundesrepublik setzt die Tradition der Nationalsozialisten fort. Im Dritten Reich hieß der bekannteste Panzer Tiger.

7 SZ, 6.11.1980

8 Der Damm staut den Nil auf eine Länge von 500 Kilometern; die Wasserfläche ist bis zu 20 Kilometer breit. Der Baubeginn erfolgte 1960, seine Einweihung war 1971.

9 Deutsches Institut für Wirtschaftsforschung, Berlin; SZ, 25.9.1982

10 Unter *Arbeitsplätzen* werden immer statistisch erfaßbare verstanden: industrielle, dem Sozialprodukt angehörende, staatlich handhabbare Arbeitsplätze. Alte, ‚natürliche' Tätigkeiten wie Fischfang, vorindustrielle Landwirtschaft usw. fallen aus diesem Rahmen: sie werden zunehmend vernichtet.

11 SZ, 5.12.1981

12 STERN, Nr. 45, 1981

13 SZ, 7.5.1983

14 STERN, Nr. 51, 1979

15 Aber auch nach neuen Ausbeutungsplätzen wird ständig gesucht: die Industrie vereinnahmt immer weitere, in der Vergangenheit noch unrentable Gebiete, Tiere, Pflanzen. So werden derzeit mit Forschungschiffen Untersuchungen an *neuen Nutzfischen* angestellt, etwa am Blauen Wittling: „Ein Problem bestand bisher nur bei der Verarbeitung dieses Fisches, der kaum größer als 35 Zentimeter wird ... Fischindustrie und Fischerei haben jedoch inzwischen ihre Maschinen und Fanggeräte diesem ... Fisch angepaßt ... Der Blaue Wittling (unterliegt noch) keinen Fangquotenbestimmungen." SZ, 25.7.1983

16 SZ, 24.4.1981

17 STERN, Nr. 20, 1981

18 natur, Nr. 3, 1982

19 Schweden hat eine hoch entwickelte Sozialversorgung, die über hohe Steuern finanziert werden muß. Häufig sind deswegen beide Elternteile berufstätig, was dazu führt, daß die Kinder vermehrt diversen Sozialstaatsinstanzen anheim fallen. Für dieses Phänomen hat sich der Terminus *Schwedenkinder* herausgebildet. Der Sozialstaat liefert selbst die Ursachen und Begründungen für sein Weiterwirken.

20 Science, 11.2.1983

21 Das Wort KATASTROPHE war im damaligen Deutschland ab 1944 verboten. Derzeit ist es erlaubt.

22 Bild der Wissenschaft, Nr. 12, 1981, S. 107

23 SZ, 25.8.1983

24 Es hat wenig mit Rückschrittlichkeit zu tun, wenn ein Land wie Tansania wieder zur Herstellung hölzerner Ochsenpflüge zurückkehrt: diese sind langlebig, leicht zu handhaben, benötigen keine externen Energien und sind selbst herzustellen. In Ländern der sogenannten Dritten Welt zeigt sich noch krasser, in welchem Mißverhältnis eine industrialisierte Landwirtschaft zu einer notwendigen Nahrungsmittelversorgung steht. (Vgl. SZ, 21.10.1982)

25 Kursbuch Nr. 65, 1981, S. 89